DH
数字人文
吴夏平 主编

3S野外综合实习教程

——金泽镇案例

於 家　徐秋蓉　郑远帆　李经纬　林昱坤◎著

3S野外综合实习是地理信息科学专业教学中的重要环节，能够帮助学生将原本抽象的知识应用于具体场景，用3S技术和方法尝试解决环境、生态、区域规划、社会经济等领域的问题。

上海教育出版社
SHANGHAI EDUCATIONAL
PUBLISHING HOUSE

前　言

　　3S野外综合实习是地理信息科学专业教学中的重要环节。地理信息科学是一门实践性非常强的学科。学生在课堂上接触到的3S相关知识大多以文字或图片形式呈现，而且这些知识被分散在不同的课程中讲授，学生需要通过实践的方式将这些知识点系统地结合起来。3S野外综合实习正是这样一项综合实践活动，学生可以在实习过程中将原本抽象的知识应用于具体场景，用3S技术和方法尝试解决环境生态、区域规划、社会经济等领域的问题。在解决这些问题的过程中，学生能够更加牢固地掌握专业知识，开阔眼界，提高实践能力。

　　为贯彻"基础知识与专业知识相结合、理论与实践相结合"的教学原则，上海师范大学环境与地理科学学院地理信息科学专业高度重视专业综合实习工作，依托上海长三角城市湿地生态系统国家野外科学观测研究站的平台资源，在上海市青浦区金泽镇建立了实习基地。3S野外综合实习能够强化学生对地理信息科学基础理论，RS、GIS和GNSS基础知识的掌握和基本技能的训练，增进学生对地理信息行业及产业发展趋势和技术前沿的认知，提高学生交流协作与解决实际问题的能力。

　　本书对师生在上海市青浦区金泽镇开展的3S野外综合实习进行了总结，对实习的基础知识和实习的主要内容进行了介绍。全书共分为七个章节：第一章介绍地理信息科学专业综合实习的相关基础知识；第二章介绍实习目的、实习要求、实习路线、准备事项和注意事项；第三章介绍实习区域概况；第四章介绍实习内容，包括湿地植物群落实地调查与遥感解译、无人机低空航摄；第五章介绍测量实习的内容，包括地籍控制测量及地籍更新调查、虚拟仿真测绘；第六章介绍全球卫星导航系统实习的内容，包括数字人文景区专题制图、服务性行业分布调查与分析；第七章介绍地理信息系统三维建模与系统开发实习的内容，包括建筑物三维建模、地理信息系统开发等。本书最后以附录形式罗列了实习中数据采集、调查及记录相关的表格，实习报告及要求，实习成绩评价体系，等等。本书可作为地理信息科学专业及相关专业的本科实践教学教材，也可供3S集成应用、GIS开发、人文历史学科等领域的研究人员和研究生阅读参考。

本书各章节分别由上海师范大学环境与地理科学学院於家（第一章、第二章、第三章、第六章、第七章第二节）、徐秋蓉（第五章第一节）、郑远帆（第四章第二节、第七章第一节）、李经纬（第四章第一节）、林昱坤（第五章第二节）编写。在此期间，研究生李亚琴、周泱、牛妍妍、陈亮等也参与了部分基础资料收集整理和初稿撰写工作，环境与地理科学学院的师生提供了宝贵的意见和数据资料，在此一并表示感谢。

本书得到国家自然科学基金项目（72074151、42101314、42101251）、上海师范大学"数字人文资源建设与研究"重点创新团队、上海自然科学基金项目（20ZR1441500）和上海市浦江人才计划项目（21PJ1411600）的联合资助。

由于作者水平有限和时间仓促，书中难免存在疏漏和不足之处，恳请读者批评指正。

作　者
2023 年 5 月

目　录

第一章

▽

基 础 知 识

1.1 地理信息系统

1.1.1 地理信息系统的定义

地理信息系统的英文全称为 Geographic Information System 或 Geo-Information System，简称 GIS。美国联邦数字地图协调委员会（Federal Interagency Coordinating Committee on Digital Cartography，简称 FICCDC）将地理信息系统定义为"由计算机硬件、软件和不同方法组成的系统，该系统能够支持空间数据的采集、管理、处理、显示、分析和建模，以解决复杂的规划和管理问题"。该定义包含三层含义：其一，地理信息系统是一种计算机系统；其二，地理信息系统的处理对象是地理实体、地理现象等空间数据，这是其区别于其他信息系统的根本标志；其三，地理信息系统还是一门交叉学科，其理论知识涉及地图学、地理学、制图学、摄影测量与遥感、计算机科学、计量地理学等学科。因此，地理信息系统是一种特定且十分重要的空间信息系统，它是在计算机软件和硬件系统的支持下，采集、存储、管理、分析、显示和描述整个或部分地球表面（包括大气层）的相关地理分布数据的技术系统。

1.1.2 地理信息系统的构成

地理信息系统要实现对空间信息的采集、存储、管理、显示、描述和分析功能，需要具备五个基本构成部分，分别是：系统硬件、系统软件、数据、应用模型（也称应用方法）和应用人员。

系统硬件主要包括计算机、输入输出设备、存储设备以及计算机网络通信设备。其中，计算机包括工作站、服务器、微机以及手机和平板类移动设备等各种形式的终端设备，用于数据的处理、管理与分析。数据输入设备包括卫星遥感传感器、GPS 接收机、扫描仪、数字化仪等，用于空间数据的采集。数据输出设备包括绘图仪、打印机、高分辨率图形图像显示器等显示装置，用于空间信息的显示。数据存储设备包括光盘刻录机、磁盘阵列、移动硬盘等存储设备。计算机网络通信设备则用于数据传递、信息共享以及在线地理信息服务使用。

系统软件是地理信息系统的核心，用于数据输入、处理、管理、分析和输出等操作。地理信息系统的构成软件从低层次到高层次依次是：操作系统（包括系统调用、设备运行、网络管理等）、系统库（编程语言、数学库等）、数据库系统软件、GIS 基础软件平台（ArcGIS、QGIS、MapInfo、Global Mapper、SuperMap、MapGIS 等）、GIS 应用软件（土地管理信息系统、交通信息系统、地震灾害信息系统等）。典型的地理信息系统以空间数据库为引擎，具有三层结构：界面层，由图形用户界面和应用程序接口构成；工具层，由数据输入和输出及数据处理与分析软件构成；数据管理层，包括数据存储和管理。

数据是地理信息系统分析的对象和处理的内容。地理信息系统处理的地理数据包括地理对象的空间位置数据、属性数据和时态数据，即以地区表面空间位置为参照，描述自然、社会和人文景观的数据，其形式可以是数字、文字、图形、图像和表格等。空间位置数据包含地理对象的位置及相互关系，也被称为空间数据，通过矢量数据结构和栅格数据结构进行表达。属性数据是表示地理对象的名称、类型、数量等信息的数据。时态数据是表达地理对象时空变化的状态、特点和过程的数据。

应用模型是面向实际应用，在较高层次上对基础的空间分析功能集成，并与专业模型对接，能够解决应用问题的模型，如土地利用适宜性评价模型、空间选址模型、城市扩张预测模型、最优化模型和影响模型等。地理信息系统应用模型是客观世界到信息世界的映射，反映了人类对客观世界的认知水平，是地理信息系统技术产生社会效益、经济效益、生态效益的关键所在，也是地理信息系统生命力的保证。

应用人员是地理信息系统的重要组成要素，分为一般用户和从事建立、维护管理和更新地理信息系统的专业人员。专业人员主要包括高级技术人员（GIS 专家或受过专业 GIS 训练的系统分析员、系统设计人员）、一般技术人员（代码设计员、数据处理员、系统管理员等）、管理人员（决策者、GIS各阶段的协调人员）等。

1.1.3 地理信息系统的功能

地理信息系统最基本的功能包括空间数据的采集、编辑、存储、处理、分析和输出。其中，空间数据分析功能是地理信息系统的核心功能，也是 GIS 区别于其他系统的重要标志。

空间数据采集与编辑是开展地理信息系统项目的第一个环节。利用全站仪、全球卫星导航系统（Global Navigation Satellite System，简称 GNSS）等测量设备与系统、键盘等输入设备、数字化仪、扫描仪、遥感传感器等设备采集野外测量数据及属性数据、地图数据和影像数据，通过图形属性编辑、接边、分层、图形与属性关联等，将各类数据转化为空间坐标及属性对应的代码输入计算机。

空间数据存储依赖于空间数据库技术。空间数据库是地理要素以一定的组织方式存储在一起的相关数据的集合。空间数据库除了具备管理属性数据的常规功能外，还应具备对空间数据的管理技术，主要包括：空间数据库定义、空间数据索引的访问和提取、按空间位置检索空间对象及其属性、按属性检索空间对象等。

空间数据处理的主要任务包括数据变换、数据重构和数据抽取。数据变换是指将数据从一种数学状态转换为另一种数学状态，包括几何变换、投影变换等。数据重构是指将数据从一种几何形态转换为另一种几何形态，包括数据拼接、数据截取、数据压缩和结构转换等。数据抽取是指对数据从全集合到子集的条件提取，包括类型选择、窗口提取、布尔提取和空间内插等。

空间数据分析可以通过一系列操作产生新的数据和信息。常用的空间数据分析功能有栅格数据的聚类聚合分析、栅格数据叠置分析（视觉复合、数学运算）、栅格数据窗口分析、矢量数据的叠置分析、缓冲区分析、网络分析、数字地形分析、空间内插、空间统计分析等。

空间数据输出可将地理信息系统处理和分析的结果输出为可供专业人员或决策人员使用的各种地图、图形、表格或文字说明。

1.1.4 地理信息系统的应用

地理信息系统已成为国家宏观决策和区域多目标开发的重要技术工具，也已成为与空间信息有关的各行各业的基本工具，在自然资源管理、城乡规划、灾害监测、环境保护、国防军事、工农业、电子商务、电子政务、交通运输、人口管理、警务、医疗卫生、公共服务等领域得到了广泛应用。例如，自然资源管理注重资源数量、空间分布的调查监测和生态保护，地理信息系统可应用于自然资源调查评价、空间布局变化监测、自然资源权属确定、权属登记和信息服务、自然资源资产评估和生态保护修复等方面。再如，在城乡规划领域，城乡结构的复杂性要求城乡规划工作必须建立在对多源数据进行整合与分析的基础上，城乡规划的对象决定了地理空间数据是其重要的数据来源。伴随着计算机和地理信息技术的发展，基于地理空间坐标的空间数据库及属性数据库的建立，使地理信息系统在城乡规划中的应用越来越广泛，并逐渐超越CAD制图技术成为主流工具。

1.2 遥感技术

1.2.1 遥感的概念

遥感的起源基于摄影技术的发明和发展。20世纪60年代，随着航空航天技术、现代物理学、空间科学、计算机技术的进步，遥感逐渐发展成为一门对地观测综合性技术。遥感一词源于Remote Sensing，简称RS。

广义的遥感泛指一切无接触的远距离探测，包括对电磁场、力场、机械波（声波、地震波）等的探测。狭义的遥感是指从远处应用探测仪器，不与探测对象接触，记录对象的电磁波特性，通过分析揭示物体的特征及其变化的探测技术。

1.2.2 遥感系统的构成

遥感系统由目标物的电磁波特性、信息获取、信息接收、信息处理、信息应用五个部分构成。目标物的电磁波特性是遥感探测的依据。任何目标物都有发射、反射和吸收电磁波的性质，这些性质是遥感的信息源。遥感信息通过传感器获取。传感器是接收、记录目标物电磁波信息的仪器，如扫描仪、雷达、摄像机、辐射计等。搭载传感器的平台称为遥感平台，分为地面平台、空中平台、空间平台。地面平台有遥感车、手持平台、地面观察台等；空中平台有无人机、直升机、飞机、气球和其他航空器；空间平台有人造卫星、空间站、航天飞机等。信息接收是指将传感器接收的目标物的电磁波信息记录在数字介质或胶片上，通过无线电或回收舱传送至地面。信息处理是指通过信息恢复、辐射校正、卫星姿态校正、投影变换、格式转换等一系列处理，将接收的信息转换为用户可使用的数据。用户可根据需要对遥感数据进行精校正和专题信息处理等。信息应用由用户根据不同的应用目的进行，在应用过程中通常需要对信息进行大量的处理和分析，如遥感信息的增强、分类、解译及多源信息融合等。

1.2.3 遥感的特性

遥感具有空间特性、时相特性和波谱特性。遥感的空间特性在于应用遥感技术从飞机或卫星平台上获得的地面影像比在地面上观察的范围要大得多。遥感平台越高，视角越宽广，可以同步探测到的地面范围就越大，容易发现地球上一些重要目标物的空间分布的宏观规律，并且不受地形阻隔等限制。例如，美国陆地卫星9号（Landsat-9）的轨道高度为705千米，其搭载的第二代陆地成像仪（Operational Land Imager-2，OLI-2）幅宽为185千米，一幅OLI-2影像可覆盖的陆地面积为185千米×185千米，这为宏观研究地面各种自然现象及其分布规律提供了条件。

遥感的时相特性在于，不论是航空摄影还是卫星拍摄都能周期成像，可以在短时间内对同一地区进行重复探测，从而发现地球上许多事物的动态变化，有利于研究地表动态变化过程与规律。地球同步轨道卫星（FY-2风云二号气象卫星）可以每半个小时对地观测一次，太阳同步轨道卫星（NOAA气象卫星、FY-1风云一号气象卫星）可以每天对同一地区观测2次。美国陆地卫星9号的回归周期为16天，中巴资源卫星的回归周期则是26天。相比于需要大量物力、人力、时间以获得地球上大范围地区动态变化数据的传统地面调查，遥感提高了观测的时效性。这对于天气预报以及森林火灾、洪灾、土地利用变化等的监测非常重要。

遥感获得的地物电磁波特性数据综合反映了地球上的许多自然和人文信息。目前，遥感能探测到的电磁波段有紫外线、可见光、红外线、微波。由于地物在各波段的性质差别很大，在同一波段内的几个更窄的波段范围内也存在不少差别，因此遥感可以探测到人眼观察不到的一些地物信息和特性。遥感的探测波段、成像方式、成像时间、数据记录等均可按要求设计，以使其获得的数据具有可比性。与传统地面调查和考察相比，遥感数据还可以在较大程度上排除人为干扰。

这些特性使得遥感与传统方法相比，可以节省大量的人力、物力、财力和时间。遥感技术为在自然条件恶劣、地面工作困难的地区（高原、密林、沼泽、沙漠、冰川、海洋、极地等）或由于种种原因而不宜到达的地区开展研究工作提供了条件，具有较大的经济效益和社会效益。但是，目前遥感技术还具有一定的局限性，它所能利用的电磁波仅是其中的几个波段范围，还很有限。此外，一些可被利用的波段还不能准确反映许多地物的某些特征，需要发展高光谱分辨率遥感技术以及与遥感以外的其他手段相配合，特别是地面验证和地面调查。

1.2.4　遥感的应用

遥感的应用领域极其广泛，在全球气候变化、沙漠化、冰川冰山变化、自然资源调查、环境污染、农作物估产、灾害监测、智慧城市建设、军事行动等领域均发挥了重要的作用。例如，在水文水资源研究中，可利用遥感数据推求各种水体（湖泊、河流、湿地等）的面积变化，监测冰川和积雪的融化状态，动态监测洪水过程，等等。此外，人们还可利用遥感数据进行有关水文过程中的参数和变量的推求，如土地覆盖状况、植物（作物）生长和发育情况，继而利用一些经验公式、统计模型和概念性水文模型等来获取水文变量（径流、土壤水分、区域蒸发等）。在生态学和保护生物学研究领域，无人机遥感的高时效、高时空分辨率等优势，使得无人机遥感在生境监测、植物物候调查、动物监测等方向得到了迅速发展和有效应用。

1.3　全球卫星导航系统

1.3.1　全球卫星导航系统概况

全球卫星导航系统是能在地球表面或近地空间的任何地点为用户提供全天候的三维坐标和速度以及时间信息的空基无线电导航定位系统。全球卫星导航系统由三个部分组成，分别是：卫星星座、地面监控系统和用户设备。

目前，全球主要的卫星导航系统有美国的全球定位系统（Navigation System Timing and Raging/Global Positioning System，简称GPS）、俄罗斯的格洛纳斯卫星导航系统（Global Navigation Satellite System，简称GLONASS）、欧盟的伽利略卫星导航系统（Galileo Navigation Satellite System，简称Galileo）和中国的北斗卫星导航系统（BeiDou Navigation Satellite System，简称BDS）。另外，还有日本的准天顶卫星系统（Quasi-Zenith Satellite System，简称QZSS）和印度的区域导航卫星系统（Indian Regional Navigation Satellite System，简称IRNSS）。

1.3.2 全球定位系统

全球定位系统（GPS）是美国政府从20世纪70年代组织研究，至20世纪90年代全部建成并投入使用的授时与测距导航系统/全球定位系统。

截至2022年6月，GPS卫星星座中共有31颗运行卫星，不包含已退役的在轨备件。其中，BLOCK-ⅡA卫星于1990—1997年推出，设计寿命7.5年，目前在轨0颗，最后一颗于2019年退役。BLOCK-ⅡR卫星于1997—2004年推出，设计寿命7.5年，目前在轨7颗。BLOCK-ⅡR-M卫星于2005—2009年推出，设计寿命7.5年，目前在轨7颗。BLOCK-ⅡF卫星于2010—2016年推出，设计寿命12年，目前在轨12颗。GPS-Ⅲ/ⅢF卫星于2018年推出，设计寿命15年，目前在轨5颗。GPS卫星星座中的卫星被排列成六个等距的环绕地球的轨道平面，每颗卫星每天绕地球两次，以确保用户从地球上几乎任何位置都可以查看到至少四颗卫星。

GPS控制部分（见图1-1）由一个全球地面设施网络组成，该网络跟踪GPS卫星，监控其运行，执行分析并向GPS卫星发送命令和数据。当前GPS控制系统包括一个主控制站、一个备用控制站、11个指挥和控制天线以及16个监控站点。

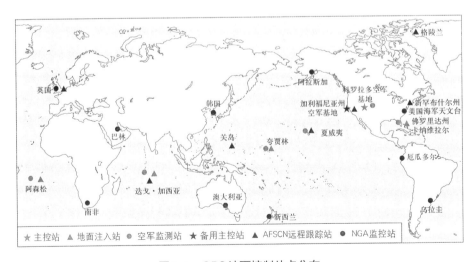

图 1-1　GPS地面控制站点分布

GPS是一种单程系统，用户只接收信号。GPS用户的主要设备为GPS信号接收机，其一般由主机、天线、电源组成。GPS接收机硬件和机内软件以及GPS数据的后处理软件包构成完整的GPS用户设备。

1.3.3 格洛纳斯卫星导航系统

格洛纳斯（GLONASS）是苏联在1982年启动建设的全球卫星导航系统，1996年由俄罗斯投资继续建设，与GPS一样属于基于时差测距的导航定位系统。GLONASS卫星星座由24颗卫星组成，这些卫星均匀地分布在三个轨道平面上。升交点经度在平面之间相差120°。每个轨道平面有8颗卫星，纬度角相距45°。两个不同轨道平面的等效时隙中卫星的纬度参数相差15°。截至2022年8月，GLONASS在轨卫星26颗。GLONASS地面支持系统由系统控制中心、中央同步器、遥测遥控站（含激光跟踪站）和外场导航控制设备组成。随着苏联的解体，目前GLONASS由俄罗斯航天局管理，地面支持系统只剩俄罗斯境内的场地了。GLONASS接收机接收卫星发射的信号，得到其伪距和伪距变化率，从中提取并处理导航电文。接收机处理器通过对数据处理计算得出用户所在的位置、速度和时间信息。

1.3.4 北斗卫星导航系统

北斗卫星导航系统（BDS）是中国着眼于国家安全和经济社会发展需要，自主建设、独立运行的全球卫星导航系统，是为全球用户提供全天候、全天时、高精度的定位、导航和授时服务的国家重要空间基础设施。2000年，中国建成面向中国提供服务的北斗一号系统；2012年年底，中国建成面向亚太地区提供服务的北斗二号系统；2020年，中国建成面向全球提供服务的北斗三号系统。

BDS由空间段、地面段、用户段三部分组成。北斗系统空间段由若干地球静止轨道卫星、倾斜地球同步轨道卫星和中圆地球轨道卫星等组成。截至2022年，中国已经成功发射55颗北斗导航卫星（见图1-2）。北斗系统地面段包括主控站、时间同步/注入站和监测站等若干地面站，以及星间链路运行管理设施。主控站根据各监测站传输来的跟踪数据，计算卫星轨道、电离层改正和时钟参数，之后将结果传到地面控制站并将计算和预报的信息传给卫星注入站，对北斗卫星进行信息更新。北斗系统用户段包括北斗兼容其他卫星导航系统的芯片、模块、天线等基础产品，以及终端产品、应用系统与应用服务等。

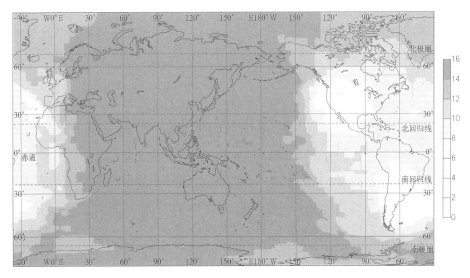

图1-2　北斗可见卫星数
（资料来源：中国卫星导航系统管理办公室测试评估研究中心）

1.3.5　伽利略卫星导航系统

伽利略卫星导航系统（Galileo）是由欧盟研制和建立的全球卫星导航定位系统。该系统计划于1999年2月由欧洲委员会公布，并和欧空局共同负责。该系统可提供民用控制的高精度、有承诺的全球定位服务，并能与GPS和GLONASS全球导航定位系统实现互操作。

Galileo卫星星座由30颗中等高度轨道卫星构成，其中有27颗工作卫星、3颗备用卫星，分布在3个倾角为56°的轨道面上。伽利略卫星导航系统地面段由控制中心、传感器站、S波段上行站和C波段上行站构成。两个控制中心分别位于法国和意大利，主要用于控制星座、保证卫星原子钟的同步、完好性信号的处理、监控卫星及由它们提供的服务。伽利略卫星导航系统用户段的用户接收机及终端能够直接接收Galileo的SIS信号，拥有与区域和局域设施部分所提供服务的接口，具备与GPS、GLONASS及通信系统互操作的功能。

1.3.6 全球卫星导航系统应用

GNSS能在全球范围内为用户提供全天时、全天候、连续、实时的高精度的三维位置、三维速度和时间信息。其功能丰富，应用领域广泛。例如在测绘中，GNSS被应用于高精度的大地测量、控制测量、地籍测量和工程测量。与传统的方法相比，GNSS能节省大量的人力、物力、财力和时间。其中，GNSS在大地测量领域的应用已扩展至地球物理、地球动力学等方面，GNSS技术将成为全球板块运动、火山地震、构造地震等监测的重要手段。在交通方面，利用GNSS技术可对车辆进行跟踪、调度管理，实现船舶远洋导航、引导飞机安全降落等。此外，GNSS也是无人驾驶领域的支撑技术。由GNSS提供的位置服务，可以提高公共安全领域对火灾、交通事故、犯罪、自然灾害等紧急事件的响应效率。基于GNSS的定位信息，救援人员可在特殊环境下，对失踪人员实施搜索和救援，使之能更快、更及时地得到救助。

1.4 3S 综合应用

3S综合应用能将GIS、GNSS与RS高度集成，并进行不同领域的现代化应用。GIS在3S综合应用中具有采集、存储、管理、分析、描述与空间和地理分布有关的数据的作用。GNSS具有实时、连续地提供地球表面任意地点的三维坐标、三维速度与精确时间的作用。RS具有提供数据源、获取不同专题数据、更新GIS数据库的作用。目前，3S综合应用已经覆盖与空间数据有关的各个方面，在农业、林业、水文、地质、海洋、气象、环境、灾害、测绘、智慧城市、城乡规划等学科和国民经济建设的重大领域，具有重大的作用。

1.4.1　3S在数字城市构建中的应用

随着互联网、物联网、云计算、人工智能技术等新一代先进信息技术的发展，人类社会进入大数据时代，陆续产生了数字地球、数字城市、智慧地球、智慧城市、数字孪生城市等概念（见图1-3）。数字城市是在"数字地球"基础上产生的概念。"数字地球"由美国前副总统阿尔·戈尔于1998年提出，是一个三维的信息化地球模型，通过3S空间信息、物联网、云计算、虚拟现实、三维模型、数据库管理和计算机网络等技术对地球上的地理资源、生态资源、人文社会等各种信息进行空间化、数字化、网络化、可视化和智能化，用于支撑各类决策。数字城市以数字地球为基础，把现实世界中的城市变为计算机中的城市，从而指导城市的规划、管理和建设以及居民的日常生活。

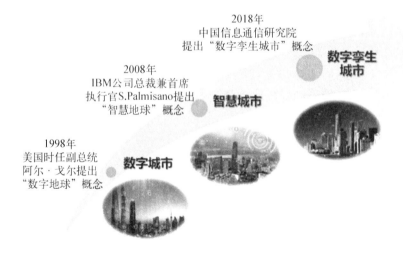

图1-3　"新型城市"概念发展历程（张新长等，2021）

数字城市建设离不开城市各类要素的信息化，3S空间信息技术为城市数字化、信息化提供了有效手段。采用3S技术及计算机技术可将城市自然、社会、经济等领域的信息可视化到计算机中，并利用技术手段在计算机中实现对城市的规划、建设和管理。例如，利用RS技术来采集遥感数据，生产数据底座；利用GNSS获取要素位置、社会轨迹等的数据；利用GIS技术对RS和GNSS数据进行整合、分析等。目前，数字城市建设仍处于理论探索和基础设施建设阶段，已有的数字城市案例大多是由个别部门主导的部门型数字城市，如智能交通型、虚拟旅游型、自然资源管理型、智慧医疗型、数字物流等，尚未形成部门间的互联互通。

1.4.2 3S在自然资源管理中的应用

自然资源管理是3S技术的传统应用领域，也是3S技术应用规模最大的领域之一。其中，森林资源、湿地资源、水资源、矿产资源、地质资源、土壤资源、海洋资源等的调查均有3S技术的身影。例如，1979年到1993年由农业部主导的第二次全国土壤调查，首次以1：1万—1：5万的航空像片为主要数据源，结合地形图进行了县级土壤调查。1984年到1997年完成的第一次全国土地调查，采用了不同比例尺的航摄照片和少量正摄影像图作为主要基础数据。由于当时3S技术在国内还未推广应用，大量依赖外业调查，导致第一次全国土地调查耗时十几年，并由于标准和实效性问题，造成第一次全国土地调查成果应用困难。此后，我国在2007年到2009年开展的第二次全国土地调查过程中全面使用3S技术，以航空、航天遥感影像为主要信息源，采用多平台、多信息源的遥感影像，包括航空航天获取的光学及雷达数据，在较短时间内实现对全国各类地形及气候条件下遥感影像的全覆盖，最大程度保证基础数据现势性；在GPS等技术手段的支持下，实地对每一块土地的地类、权属等情况进行外业调查，确保每一个地块的地类、权属等现状信息详细、准确、可靠；以GIS为图形平台，以大型的关系型数据库为后台管理数据库，存储各类土地调查成果数据，实现对土地利用的图形、属性、栅格影像空间数据及其他非空间数据的一体化管理，借助网络技术，采用集中式与分布式相结合的方式，有效存储与管理调查数据。2017年国务院决定开展第三次全国土地调查，并在2018年调整为第三次全国国土调查，以2019年12月31日为统一更新数据时点。目前，自然资源部已经初步形成"1+X"型自然资源调查体系。在调查体系上，"1"是基础调查，"X"是多项专业调查；在调查周期上，自然资源基础调查每10年开展一次，专业调查5年为一个周期，变更调查每年开展一次。有部分省市积极探索新技术在全国自然资源调查监测中的应用，集成应用卫星遥感、无人机、地面调查等技术手段，以及大数据、云计算、人工智能等技术，以打造自然资源调查监测的空、天、地、网一体化综合监测体系，大幅提升了自然资源部门的治理水平。

1.4.3　3S在生态学研究中的应用

资源和环境是人类赖以生存的物质基础，维持健康的生态系统是实现可持续发展的根本保证。生态资源的过度开发、环境污染使资源的保护与可持续利用面临严峻的挑战。及时、准确、动态地获取生态资源现状及其变化信息，对生态环境的保护及其可持续发展具有重要意义。利用3S技术进行生态学研究与应用已深入生态学的许多领域，如景观生态学、群落生态学、农业生态学、园林生态学、生物圈生态学等。其中，景观生态学是研究景观的结构、功能、变化及景观规划管理的科学。它将地理学研究空间相互作用的水平方向与生态学研究功能相互作用的垂直方向结合起来，探讨空间异质性的发展和动态及其对生物和非生物过程的影响以及空间异质性的管理。由于景观生态学研究尺度大，利用RS技术可以不受地面条件的限制，具有观测范围大、波段范围广、成像周期短的优势，能获取大区域范围乃至全球尺度上的生态系统能量流动信息；GNSS可不依赖地面控制点而直接对遥感影像定位，便捷地获取准确的位置信息；GIS强大的空间分析、空间建模及图像处理功能则可以满足景观生态学对大尺度生态学研究的要求。利用GIS对不同空间分布数据进行叠加，可分析不同数据层之间的相互关系及空间格局随时间的变化趋势。

1.4.4　3S在灾害管理中的应用

联合国政府间气候变化专门委员会（IPCC）发布的第六次评估报告之第一工作组报告显示：人类活动导致了地球变暖，同时全球气候系统正经历着快速而广泛的变化，且部分变化已无法逆转。全球气候变化导致极端气象事件频发，对全球安全造成威胁。我国是灾害频发的国家，3S技术在我国防灾、减灾、救灾工作中具有重要作用。利用近实时遥感数据，可以及时监测灾害发生的地理位置及所属行政区域（经纬度、高程、行政界线等），监控灾害演变的动态（演变方向、面积和强度等），反映损失情况（要素类型、程度、环境等）；在GIS支持下，可以快速制作灾区地图，叠加事态事件，通过显示设备显示或者打印成图，为救灾人员提供决策依据，利用空间数据库技术对救灾资源进行管理和合理配置，辅助制订救灾方案等；对于灾害可能造成的电力、网络、道路等设施中断，或者灾区环境复杂的情况，应用GNSS可以进行实时定位和导向，还可应用GNSS获得灾区精确的边界，用于准确计算受灾面积等。另外，GNSS已经应用于精密大地测量基准研究，而大地测量基准研究是地球动力学、地壳形变、地震监测的基础。3S技术将为灾害预测预报、防灾救灾方案制订、灾区应急响应行动指挥调度、灾后恢复阶段损失评估、防灾工程合理规划提供科学依据和技术支撑。

1.4.5 3S在车辆导航系统中的应用

在车辆导航系统中，通过RS获取的高分辨率影像能提供城市范围内道路以及相关要素的动态变化信息，并在GIS中作为数字地图使用，也可以利用遥感影像来及时更新地图数据库。应用GIS组织管理路网空间数据及属性数据，对各种要素进行分类管理，并建立路网拓扑关系，用于路径规划。GPS接收机实时接收卫星信号，并转换为坐标信息，提供车辆所在的实时精确位置信息。位置信息通过与地图数据匹配，可以在显示设备上精确显示出来，实现车辆导航。

1.5 GIS 开发

1.5.1 GIS开发过程

GIS开发的主要方法有结构化生命周期法、面向对象设计方法和原型法。使用结构化生命周期法进行系统开发需要经历四个阶段，即系统分析、系统设计、系统实施和运行评价。

系统分析阶段的任务是进行需求分析和可行性研究。进行需求分析时，用户需要提出所要解决的问题，提供所需要的信息，提供各种资料和数据等；管理人员负责批准开始研究，组织开发队伍，进行必要的培训等；开发人员需要掌握用户需求，回答用户问题，详细调研现行系统，搜集资料和整理数据，总结和分析，等等。在可行性研究中，用户负责评价现行系统，协助提出各种方案，选取最适宜方案，等等；管理人员负责审查可行性报告，决定是否开发；开发人员负责提出各种备选方案，与用户一起讨论各种方案的优劣，估计开发费用和时间。

系统设计阶段的任务是进行总体设计和详细设计。在总体设计中，用户负责讨论系统模块的合理性并提出看法，对设备选择提出看法；管理人员负责鼓励用户参与系统设计，带动开发人员多听取用户意见；开发人员负责说明系统目标和功能、子系统和模块的划分等。在详细设计中，用户负责讨论详细的功能设计和用户界面的合理性，提出修改意见；管理人员负责听取用户有关系统界面设计的反馈，批准进入系统实施阶段；开发人员负责软件设计、代码设计、功能设计、数据库设计、用户界面设计和输入输出设计等。

系统实施阶段的任务是编程、调试和培训。在编程过程中，用户负责随时准备回答一些具体的业务问题；管理人员负责监督编程进度；开发人员负责分头进行编程和调试。在调试过程中，用户负责评价系统调试及用户界面的良好性；管理人员负责监督调试的进度，协调用户与开发人员的不同意见；开发人员负责模块调试、子系统调试、系统调试。培训时，用户负责接受培训；管理人员负责组织培训，批准系统转换；开发人员负责编写用户手册，进行培训。

运行评价阶段的任务是运行、维护和系统评价。在运行和维护过程中，用户负责按系统的要求定期输入数据，读取和使用系统输出的内容，并提出修改意见；管理人员负责批准适应性和完善性维护，准备对系统进行全面评价；开发人员需要按系统要求进行数据处理工作，维护系统。在系统评价中，用户需要参与系统评价；管理人员组织系统评价；开发人员参加系统评价，总结开发经验。

1.5.2 GIS开发方法

GIS开发主要有独立开发、单纯二次开发和组件式二次开发三种方式。

独立开发指不依赖于其他GIS工具软件，由开发者独立设计GIS中常用的空间数据的采集、编辑、处理分析及结果输出功能。独立开发通常选用某种程序设计语言，如Visual C++、Delphi、JAVA等，在一定的操作系统平台上通过编程实现。该方法的优点在于不依赖商业化GIS工具软件，独立性强；缺点在于对开发团队的能力要求高、开发周期长、开发费用高，这些限制很可能使其开发出来的产品难以在性能上与商业化GIS工具软件相比。

单纯二次开发指借助于GIS工具软件提供的开发语言进行开发。主流GIS基础软件平台大多提供了可供用户进行二次开发的宏语言。用户可以利用这些宏语言，以原GIS工具软件为依托，开发出满足自己需求的、针对不同应用对象的应用程序。这种开发方式的优点是省时省力，投入较少；缺点在于功能较弱，难以脱离原基础软件平台独立使用。

组件式二次开发利用GIS基础软件平台公司提供的GIS功能控件，如ESRI的ArcObjects、ArcEngine，超图的SuperMap Objects，等等，在VS.NET、JBuilder、Delphi等编程工具开发的应用程序中，将GIS功能嵌入其中，用以实现GIS的各种功能。组件式二次开发的优点在于价格便宜、灵活性强、可直接使用成熟的GIS分析功能等。

1.5.3 三维GIS开发

传统二维GIS大多需要对现实三维世界进行抽象和符号化的表达，这导致其在全要素信息表达、多类型要素拓扑表达等方面都存在短板。为弥补传统二维GIS的不足，新一代三维GIS技术体系逐渐形成，包括能够全空间立体化表达空间对象的数据模型，面向多尺度、多源、异构三维数据的融合技术，以及三维空间分析与计算技术，实现了对空间信息管理的全面升维。

三维GIS技术集成了WebGL、VR、AR、AI、3D打印等新技术。一些GIS平台也在积极开展游戏引擎与GIS的跨界融合，这一方面可以让游戏开发者使用真实的地理空间数据开发游戏；另一方面可在数字孪生城市等三维GIS应用场景中，充分发挥GIS软件与游戏引擎（Unity、Unreal）在各自领域的优势，大幅提升三维GIS应用的可视化效果。在智慧城市、数字孪生城市建设等需求的推动下，三维GIS技术将在标准化建设、海量数据加载和处理以及三维信息可视化等方面取得长足的发展。

第二章

实习目的、要求与准备

3S技术可以在多种场景下以多种方式应用，这就要求使用者对3S体系有深入的了解，处理问题时技术完备。为贯彻"基础知识与专业知识相结合、理论与实践相结合"的教学原则，加强RS、GIS和GNSS基础理论、基本知识和基本技能的训练，增进学生对地理信息行业及产业发展趋势和前沿的认知，培养学生解决实际问题的能力，提高学生交往与协作能力，我们选定自然、人文环境都具有一定代表性的上海市青浦区金泽镇为实习地点开展3S野外综合实习。

2.1 实习目的

其一，将课堂上学到的基础知识、基础操作通过实践转化为专业能力。

地理学是一门非常需要实践的学科，但学生在课堂上接触到的3S相关知识大多是抽象的或是基于某种特定场景的。而在野外实习过程中，学生可以把抽象的知识应用于更具体的场景，把基于一种情景的操作方法迁移运用至另一种情景。在解决问题的同时，野外实习还能够帮助学生更加牢固地掌握专业知识。

在实践的过程中，学生自主探究，通过阅读文献、请教老师、同学间交流等多种方式解决问题。这一自主探究的过程可以帮助学生开阔眼界，掌握一个问题的多种解决方法和一种基础操作的多个应用方式。这一过程可以帮助学生掌握更多元的知识。

实习时，通过查阅资料和同学之间的交流，学生或许可以找到自己的兴趣所在，为当前的学习规划和未来的职业道路找准方向。

其二，学习野外考察方法。

地理学是一门研究人地关系的学科，想要获取一手的基础数据，野外考察必不可少。在野外考察时，学生可以通过自己设置对照组、考察流程等方式，更加直观而准确地观察到所获取的数据的变化与规律，这也有利于研究的进一步开展。

当前的地理研究中多使用大数据，但也不能忽视基础地理数据获取方法的学习。从网络上获取的大数据具备数据量大的特点，但是误差也相对较大，这会对实验结果的准确性产生一定影响。此外，从网络上获取的部分数据来源和基本信息不明，随意使用可能会造成实验结果错误。而通过野外考察获取的数据，只要方法得当，相比于网络上获取的数据，坐标位置更加精确，数据的可靠性也有所保障，避免了因数据而产生的实验误差。

其三，提高学生综合素质。

野外实习时，学生可以综合运用多个学科的知识，并可以对课本上的知识进行一定的融合、创新。这可以帮助学生增长专业知识。

野外实习时，通过组内交流和组间交流，学生可以更好地学习如何分工合作、如何相互帮助。在获取人文相关数据时，学生通过和当地人交谈，可以更好地掌握交谈技巧，了解社会民生。

此外，野外实习还能够锻炼学生的意志力。野外实习时，条件相对艰苦，学生可以通过实习经历增长见闻、锻炼不怕吃苦的精神。实习过程中会存在一定的不确定性，当学生遇到问题并最终解决问题后，他们将会提升自信心并获得成就感。

2.2 实习要求

其一，认真阅读参考资料，注意教师讲解。

野外实习过程中会用到学生之前没有用过的设备，教师应请学生在使用前仔细了解设备的使用方式，以免测量不准确或造成设备损坏。野外实习往往会涉及学生不熟悉的地区，教师应请学生仔细了解具体实习要求与建议，防止数据收集失败或发生危险。

其二，善于思考，勤于动手。

野外实习能帮助学生更好地掌握专业知识，能借此机会让学生掌握野外考察方法，能帮助学生提高综合素质。学生在野外实习期间遇到问题要认真思考，采集数据时勤于动手，借助野外实习牢固掌握专业知识，学会地理基础数据的获取方法。

其三，热烈讨论，互帮互助，教学相长。

在野外实习过程中，师生相互讨论，教学相长，有利于更全面地理解问题，更好地完成野外实习任务。同时，同学之间互帮互助，能够增进友谊。

其四，根据下发的外业数据，完成内业工作。

学生务必按照要求，使用下发的和采集到的外业数据完成相应的内业工作。

其五，认真撰写野外实习报告。

野外实习报告是对野外实习的总结，也是对获取的新知识的记录。学生应认真撰写野外实习报告。实习报告是一份回忆，也是一份收获。

2.3　实习路线

2.3.1　外业实习阶段

第一天：师生乘大巴车至青浦，参观陈云纪念馆、上海长三角城市湿地生态系统国家野外科学观测研究站，包括野外站工作基地、青西野外生态气象综合观测站、大莲湖区域碳通量观测塔、大莲湖水质监测浮标站、青西郊野公园等。

第二天：湿地植物群落实地调查与遥感解译。上午（9：00—12：00）实地调研，获取湿地主要植物群落组成和分布信息；结合卫星图像，确定5～10种典型植物群落的光谱特征和纹理特征。下午（14：00—17：00）

构建典型植物群落的遥感解译标志，勾绘训练样本 ROI（Region of Interest，感兴趣区域）和验证样本 ROI，细化湿地典型植物群落解译方法。

第三天：莲湖村地籍控制测量及地籍更新调查。

第四天：建筑物三维建模数据采集，无人机低空航摄。

第五天：金泽古镇数字人文景区专题制图，金泽古镇服务性行业空间分布调查与分析。师生乘大巴车返回上海师范大学奉贤校区。

2.3.2 内业实习阶段

第一天：虚拟仿真测绘；分小组进行内业数据处理；实习工作研讨。

第二、三天：分小组进行内业数据处理；地图制图，地理信息系统开发。

第四天：各小组数据整合；地图制图，地理信息系统开发；实习工作研讨。

2.4 准备事项

2.4.1 实习行前准备阶段

教师完成野外实习内容与实习路线的设计、住宿预订、业务联系等事宜。

学生参与实习地区的空间数据获取、地图制图、社会经济等资料的收集。

召开实习动员会，教师向学生介绍实习内容、实习路线、安全注意事项等。

教师组织学生完成实习分组，建立野外实习网络群。

教师将野外实习指导书、动员会资料发送给学生，让学生尽快明确实习任务和安排。

2.4.2 野外综合实习阶段

金泽野外站参观调研：通过对上海长三角城市湿地生态系统国家野外科学观测研究站（简称"金泽野外站"）和青西郊野公园的参观和学习，了解金泽野外站的发展历程。国家野外科学观测研究站属于基础支撑与条件保障类国家科技创新基地，定位于为发现自然规律、获取长期野外定位观测研究数据等科学研究工作提供公益性、共享性、开放性基础支撑和科技资源共享服务。金泽野外站服务于生态学、地学、农学、环境科学等领域，为科研人员获取长期野外定位观测数据并开展研究工作提供便利。

湿地植物群落实地调查与遥感解译：了解青西郊野公园主要植物群落的组成及其分布信息，基于遥感影像上不同植物群落的光谱特征和纹理特征，构建遥感解译标志，实践并掌握典型植物群落的判读方法，获取湿地植物群落分布专题信息。

经纬仪、水准仪测绘：运用经纬仪、水准仪、水准尺等设备，完成地籍控制测量、地籍更新调查工作。

无人机低空航摄：利用无人机获取青西郊野公园、莲湖村的航拍影像；制作低空遥感正射影像。

建筑物三维建模：利用三维建模软件，构建金泽古镇人文历史建筑和莲湖村建筑物的三维模型。

金泽古镇数字人文景区专题制图：利用手机GNSS App采集金泽古镇人文景点位置信息，并采集景点多媒体数据，制作金泽古镇数字人文景区专题地图。

金泽古镇服务性行业空间分布调查与分析：调查服务性行业点（沿街店铺）的空间位置并记录图片资料；调查服务性行业点的类型、规模、经营内容、经营状况（是否正常营业、开张日期、营业时间、月营业额等）。统计调查区内服务性行业点的数量、空间分布及经营状况，通过图表进行展示；分析调查区内各类服务性行业点的空间分布格局和商业活力，提出金泽古镇发展的决策建议。

2.5　注意事项

2.5.1　野外实习前

教师：在正式开始野外实习前，应制订详细的实习计划、实习预算、实习路线，明确实习纪律和发生紧急情况时的处置措施。

学生：在正式开始野外实习前，应仔细阅读实习手册，认真听教师讲解，思考实习方法并融入本组创意；对实习区域展开一定的背景调查，查阅与实习内容相关的文献资料，查看并熟悉实习数据。

2.5.2　野外实习中

教师：在实习过程中，应关注并指导学生实习，按照实习计划安排实习路线。

学生：在实习过程中，应保持礼貌友善的态度，爱惜设备，同学间互帮互助，师生间积极交流，认真完成实地考察和调查访谈任务。

2.5.3　野外实习后

教师：在野外实习结束并开展内业实习的过程中，给予学生指导；在学生完成内业实习后，评价实习结果，批阅学生的实习报告。

学生：在野外实习结束后，整理调查结果并处理数据、分析数据；根据得出的结果撰写实习报告并总结实习经验。

第三章

实习区域介绍

3.1 上海市青浦区

　　青浦区位于东经120°53′～121°17′、北纬30°59′～31°16′之间，地处上海市西南部，太湖下游，黄浦江上游。东与闵行区毗邻，南与松江区、金山区及浙江省的嘉善县接壤，西连江苏省吴江市、昆山市，北与嘉定区相邻，地处长江三角洲经济圈的中心地带。全区总面积668.49平方千米，地形东西两翼宽阔，中心区域狭长；地势平坦，平均海拔高度在2.8米到3.5米之间；有6条高速公路穿境而过，南北向有G15沈海高速和G1503上海绕城高速，东西向有G50沪渝高速、G42沪蓉高速、S32申嘉湖高速和S26沪常高速。青浦区内湖泊星罗棋布，江河纵横交错，具有得天独厚的内河航运优势，可通行50～300吨货船，是苏浙沪的重要水上通道。

　　青浦区地处长江三角洲，属亚热带海洋性季风气候，常年主导风为东南风，气候温和湿润。区内水资源丰富，水域面积约占全区总面积的22%。淀山湖位于江苏省昆山市和上海市青浦区的交界处，面积约62平方千米，其中青浦区内约46.84平方千米。区内水产资源丰富，可养殖水面约110平方千米，可养殖鱼类有青鱼、草鱼、鳜鱼、鳊鱼、鲤鱼、鲫鱼、银鱼、鳗鱼、鳝鱼等，其他还有甲鱼、河蟹、河虾等。

　　青浦区历史悠久，在崧泽、福泉山等10处古文化遗址发掘的物品经考古界鉴定证明，青浦地区是上海迄今为止发现的人类最早的聚居地。由于典型的水网地理环境和水乡气候条件，青浦区在新石器时代就开始种植水稻，是典型的水稻耕作区域，因此产生了各种适应稻作劳动或以田间劳作为载体的非遗项目，比如田山歌、阿婆茶等。青浦区有多项非物质文化遗产项目，其中田山歌为国家级名录项目；阿婆茶、摇快船、宣卷被列入上海市级名录项目。青浦区著名的景点有朱家角古镇、泖塔、普济桥、放生桥、万寿塔、曲水园、淀山湖、大观园和福泉山等。

截至2022年年底，青浦区下辖8个镇、3个街道，分别是赵巷镇、徐泾镇、华新镇、重固镇、白鹤镇、朱家角镇、练塘镇、金泽镇、夏阳街道、盈浦街道、香花桥街道。2022年年末全区常住人口126.56万人，常住人口密度约为1 893人/平方千米。

目前，青浦区还是长三角生态绿色一体化发展示范区（见图3-1）内的核心区。2019年，中共中央、国务院印发《长江三角洲区域一体化发展规划纲要》，国务院批复《长三角生态绿色一体化发展示范区总体方案》，标志着

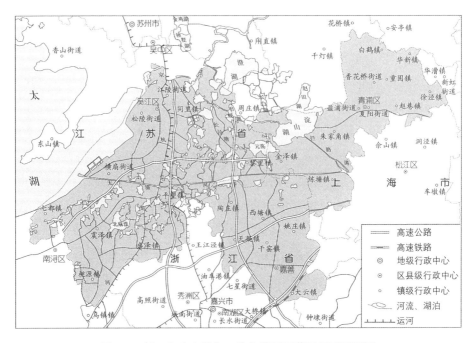

图3-1　长三角生态绿色一体化发展示范区行政区划图

长三角一体化发展国家战略全面进入施工期。长三角生态绿色一体化发展示范区范围包括上海市青浦区、江苏省苏州市吴江区、浙江省嘉兴市嘉善县，面积约2 300平方千米。在三个区县中选择五个镇作为先行启动区，分别是上海青浦区的金泽镇、朱家角镇，江苏吴江区的黎里镇、浙江嘉善县的西塘镇、姚庄镇，面积约660平方千米。

根据《长三角生态绿色一体化发展示范区总体方案》，长三角生态绿色一体化发展示范区的战略定位是生态优势转化新标杆、绿色创新发展新高地、一体化制度创新试验田、人与自然和谐宜居新典范。在区域发展布局上，一体化示范区将统筹生态、生产、生活三大空间，把生态保护放在优先位置，打造"多中心、组团式、网络化、集约型"的空间格局，形成"两核、两轴、三组团"的功能布局。

3.2 金泽镇

金泽镇隶属上海市青浦区，位于青浦区西南部，是上海唯一与江苏、浙江都接壤的建制镇。东与朱家角镇接壤，东南与练塘镇相接，西南侧与浙江省嘉善县丁栅镇、大舜镇毗邻，西北侧与江苏省吴江市莘塔镇、昆山市周庄镇及锦溪镇交界。金泽镇总面积为108.49平方千米，其中耕地面积20.9平方千米，水域面积26.5平方千米。金泽镇水陆交通便捷，是苏浙沪地区的重要交通枢纽。镇域内东西向有沪渝高速、318国道、商周公路，南北向有练西公路、金商公路等区级主干道路。在水路交通方面，作为国家级主航道，太浦河、急水港是通往江苏、浙江、安徽等省份的重要航道，同时也是黄浦江的黄金水道。

金泽镇自然资源丰富，湖泊星罗棋布，河港纵横交错，是著名的江南水乡古镇，有着"江南第一桥乡"之美称。金泽镇占淀山湖三分之二的湖岸线，堪称上海市郊一个品种全、规模大的淡水产品养殖基地。金泽镇风景秀丽，空气清新，水质清澈纯净，土壤肥沃，盛产香糯、杂交水稻等优质大米。此外，金泽镇内的上海大观园也是国家AAAA级旅游景点。

金泽镇拥有源远流长的桥庙文化和"桥桥有庙,庙庙通桥"的独特文化景观。建于宋代的普济桥是上海地区保存最完整、年代最久远的单孔石拱桥。金泽古桥分布之密集、形式之丰富、年代之久远,为其他古镇所无法比拟,故被誉为"江南第一桥乡""古桥梁博物馆"。著名书画家、篆刻家钱君匋先生曾为之题写"金泽古桥甲天下"。延续至今的一年两次的金泽庙会(农历三月廿八和九月初九),更衍生出民俗、饮食、演艺等丰富多彩的地方文化,除了有市级非物质文化遗产宣卷和阿婆茶之外,还有田山歌、打莲湘等民间文化活动。

3.3 金泽古镇

金泽古镇(见图3-2)景区位于金泽镇的西南角,西至沪青平公路,南至金南路,东至培育路,北至培爱路。金泽古镇历史悠久,据《金泽志》记

图3-2 金泽古镇范围图

载，其建镇年代始于东晋。目前，金泽古镇内共有42处不可移动文物，以古桥、水桥（河埠）居多，其中市级文物保护单位2处，区级文物保护单位6处，文物保护点34处。古镇内集中宋、元、明、清四朝古桥，有单拱桥、多拱桥、梁桥多个类型。其他著名人文景点还有普济桥、放生桥、迎祥桥、塔汇桥、天王桥、如意桥、林老桥、王氏民宅、许家厅、状元茶楼等。历史上的金泽，更是有"四十二虹桥"之说，古桥数量之多、历史之久在江南水乡较为罕见。金泽还有着独特的民间风俗，"桥桥有庙，庙庙通桥"的桥庙文化独树一帜。除古桥之外，金泽古镇另有一座颐浩禅寺，始建于南宋，盛于明清，在元代时成为著名的江南佛寺，后因年代久远、战乱等遭到破坏，于1992年重建，现主体建筑有山门、鹤颈街、天王殿、大雄宝殿、弥陀殿、鸳鸯殿、功课间、藏经室、方丈寺、四院堂等。

金泽古镇内旅游开发以坚持展示文化底蕴、凸显地方特色为发展目标，以古镇景区建设为突破口，着重实施350米旅游线的建设，增设桥文化陈列馆、乡土文化展示馆和游船码头。古镇内已形成明清建筑一条街、四朝古桥一线牵的陆上和水上静态观赏游览的旅游格局。

3.4　青西郊野公园

青西郊野公园（见图3-3）位于金泽镇的东部、大莲湖畔、毗邻西岑镇和青浦新城，是一座生态修复示范性公园。青西郊野公园东至山泾港、规划路，南至南横港，西至练西公路，北至淀山湖，总面积约22.35平方千米。其中，开园区4.6平方千米为远郊湿地型郊野公园，围绕大莲湖湿地景观、现状保留完整的江南水网"湖、滩、荡、堤、圩、岛"的肌理格局，景区依仗天然风景修建，满足都市人回归田园水乡、追寻江南记忆的愿望。

青西郊野公园所处区域曾遭人为破坏、水污染严重、湿地面积缩小、生物种类锐减。近年来，通过一系列科学的修复工作，该区域的生态环境大幅改善。公园打造出"一湖三区"的空间格局，尽显生态之美。大莲湖

图3-3　青西郊野公园

通过种植多种净化水质的水生植物、放养众多鱼类，有效开展生态修复，湖水从几近干涸恢复到水面面积1平方千米，水质达到国家一级饮用水水源标准。在水乡农田示范区，莲湖村等村落依水而建，散落其中，公园在修复古建筑的同时保留其古韵味。渔村休闲体验区建于树林之中，将生态修复与休闲娱乐紧密结合，该区域以渔业为主题，可体验垂钓乐趣。生态保育区有水上森林（见图3-4）、水漾湿地等诸多景点，形成涵养林、生态林、果林等多种森林景观，占地近7平方千米，对保持水土、恢复生态多样性有重要帮助。

图3-4　青西郊野公园水上森林

3.5 莲湖村

青浦区金泽镇莲湖村（见图3-5）位于青西郊野公园核心区，紧邻华为科创小镇，村名源于村内大莲湖，是一个"长在郊野公园里的村庄"，也是上海市首批9个乡村振兴示范村之一。村域面积4.25平方千米，村民大多沿河而居，村庄田园风光旖旎，河湖纵横交错，民宅错落有致，白墙黛瓦和小桥流水相映成景。

莲湖村已经形成了以蛙稻米、茭白、红柚、蓝莓、铁皮石斛、莲藕等为特色的市场潜力大、附加值高的主导产业。依托青西郊野公园的资源优势，莲湖村以实现"游在园中，消费在村中"为目标，建立了红柚种植文旅主题公园，开设了农产品展示中心、欣耕工坊、上海师范大学院士研究站、茶文

图3-5 青浦区金泽镇莲湖村

化等一系列商旅文展示、体验馆。莲湖村将按照"莲湖水韵、归田园居"的定位，进一步实现"村园联动"，推动产业、人才、文化、生态、组织全面振兴，呈现"宜居、宜业、宜游"的美丽乡村新画卷。

3.6 上海长三角城市湿地生态系统国家野外科学观测研究站

上海师范大学积极落实长三角区域一体化发展国家战略，充分发挥学校在环境、地理、生态、信息等领域的多学科优势，聚焦生态文明建设，致力于把论文写在祖国大地上，为长三角生态绿色一体化发展示范区提供生态科技支撑平台，率先在示范区建立上海长三角城市湿地生态系统国家野外科学观测研究站，即金泽野外站（见图3-6）。金泽野外站立足于国内外城市生态环境研究前沿，遵循国家野外科学观测研究站观测、研究、示范和服务的科学定位，开展长三角经济发达、人口密集地区的生态环境变化和综合治理的动态观测研究，深入理解湿地生态系统"水—土—气—生—人"之间的

图3-6　上海长三角城市湿地生态系统国家野外科学观测研究站

相互作用，持续探讨人类活动对生态环境系统的影响机制，为研究长三角生态绿色一体化发展示范区生态环境变化提供时序数据，为开展湿地生态系统综合治理提供技术支撑，建立长三角生态系统修复实践基地、生态数据集成中心、开放的学术交流平台和环境生态人才培养基地，在人才培养、科研成果示范推广、开放共享与服务、知识传播与科学普及等方面发挥引领示范作用，为示范区科技创新和社会经济可持续发展提供科技支撑，为长三角区域高质量发展奠定科学基础。

　　在上海师范大学的大力支持下，目前金泽野外站已经初具规模，建有青西野外生态气象综合观测站和碳通量观测塔等观测场地，拥有面积约800平方米的3座办公用房、实验室和学生宿舍，设立了生态、环境、遥感与大数据、可持续评价等4个研究室，拥有张马村、太阳岛、大莲湖、练塘和南月圩等总面积约300公顷的5块生态大样地。

图3-7　上海长三角城市湿地生态系统国家野外科学观测研究站观测场地

　　以青西野外生态气象综合观测站（见图3-8）为例，该观测站能够实现空气、雨水等生态环境数据的监测。作为上海师范大学环境与地理科学学院

图3-8 青西野外生态气象综合观测站

青浦野外观测站的重要组成部分，青西野外生态气象综合观测站主要由传感器、气象站支架、采集器和传输模块以及太阳能电板等组成，以自动化的形式实现对多种气象要素的实时观测，用于对风向、风速、雨量、气温、相对湿度、气压、总辐射、土壤温度、土壤湿度等九个气象要素进行全天候现场监测；可以通过多种方法（有线、数传电台、4G无线通信网络等）与气象中心计算机进行通信，将气象数据传输到气象中心计算机气象数据库中，用于统计分析、处理和可视化展示（见图3-9）。

图3-9 青西野外生态气象综合观测站数据展示平台

金泽野外站未来将进一步扩大到面向长江下游冲积平原的城市湿地生态系统的科学观测与研究，不仅聚焦陆地自然生态系统的观测，也结合长三角地区人口密集、经济发达的区域特征，关注乡村振兴与环境治理、联合国SDGs可持续发展指标、生态系统健康稳定与生物多样性保护等内容，开展区域生态环境变化与人类活动相结合的科学研究，进一步凝炼重点任务和标志性成果，完善野外站"一站多点"的科学观测网络布局与规划，形成多要素、多过程、多尺度的长期观测与数据积累，更好地服务于国家战略需求。

目前，上海师范大学环境与地理科学学院地理信息科学本科专业已经以金泽野外站为核心，在金泽镇建立了实习基地，供地理信息科学专业的本科生定期开展3S野外综合实习用。地理信息科学专业的实践性和操作性都很强，金泽野外站所拥有的科学观测及研究条件，为学生3S野外综合实习提供了得天独厚的条件。该实习基地的建立能够使实习地域分布更加紧凑，减少学生在实习过程中的舟车劳顿，节省时间，并且有利于实习后勤保障工作和安全服务工作的顺利开展，为指导教师的野外实习教学工作提供了良好的教学环境。另外，该实习基地不仅能够满足地理信息科学专业学生的实习要求，而且能够一定程度上满足人文地理与城乡规划、自然地理与资源环境、历史学、数字人文等相关专业的部分实习要求，将其逐步打造成综合性的专业实习基地，有助于进一步提升实践教学质量和水平。

第四章

▽

遥 感 实 习

4.1 湿地植物群落实地调查与遥感解译

4.1.1 实习目的

湿地植物群落遥感解译主要应用了3S技术中的遥感技术。通过湿地植物群落遥感解译可以了解青西郊野公园主要湿地植物群落的组成及其分布，基于卫星影像上不同植物群落的光谱特征和纹理特征，构建遥感解译标志，实践并掌握典型植物群落的判读方法，获取湿地植物群落分布专题信息。

4.1.2 实习要求

（1）综合所学知识，针对实习区域的实际情况，对高分遥感影像进行室内判读，解译出湿地植物群落斑块；划定待验证的典型区域和待确认的模糊区域（难于确定植物群落类型的区域）。

（2）野外踏勘，完成典型区域的真实性验证和模糊区域的识别确认。

（3）内业整理、修改数据，根据野外踏勘结果对湿地植物群落斑块进行最后修改以及属性的录入，利用GIS软件制作青西郊野公园湿地植物群落现状分布专题图。

4.1.3 实习注意事项

在湿地植物群落遥感解译实习过程中，需要注意以下事项：

（1）湿地植被目视解译时，对植被类型落实到群落层面的理解。植物的生长分布具有规律性，同时也有随机性。对于一定的区域范围，可以根据一定的规律判断出该区域植被所属类型。任何环境内都没有绝对的单一的植被类型，或多或少都有混生或伴生的物种。在目视解译时，由于无法做到也不可能做到更精细的区分，所以实习时目视解译的结果最小单位只能落实到某一植物群落层面，这样较为合理。

（2）对于图斑的理解。图斑，简单来说，就是根据应用目的和需要，将具有同一性质或特征的区域划分为一个类，即为一个图斑。对于湿地植物群落遥感解译来说，可以把图斑理解为在遥感影像上表现出的能够用肉眼区分出来的和周围其他地物类型表现形式不同的区域，主要表现在形、色上的差别。这里的"形"主要是指纹理，"色"包括颜色、色泽。虽然在形、色上有差别的区域会被区分为不同的图斑，但是表现形式略微不同的图斑，其解译结果却很可能是一样的。这是由于群落里的物种有优劣势，各物种间的比例也不会一成不变，而且物种的稀疏程度、长势、生长期等因素都可能影响到影像表现结果。

（3）在遥感解译过程中，对于典型区域的验证和模糊区域的确认，要去野外踏勘，只有这样才能更好地完成工作，丰富解译相关的知识和目视解译经验。

（4）注意遥感数据获取时间上的差异特别是月份差异对于遥感解译结果的影响。绿色植物生长需要一定的气候和环境，不同植物的生长季节和月份也不一样。比如，莲属植物在5--6月的上海地区遥感影像上较为稀疏，难以被发现，而在7月的遥感影像上植被盖度较高。

4.1.4　实习软件介绍

ENVI（The Environment for Visualizing Images）是图像处理和分析软件的行业标杆。图像分析师、GIS专业人员和科学家使用它从地理空间图像中提取及时、可靠和准确的信息。它经过科学验证，易于使用并与Esri的ArcGIS平台紧密集成。多年来，ENVI一直处于创新的前沿，部分原因在于它支持所有类型的数据，包括多光谱、高光谱、热、激光雷达和SAR。ENVI能提供基于统计分析和机器学习的图像处理工具，简化用户的图像处理与分析流程。ENVI地理空间图像分析还可以通过API和可视化编程环境进行定制，以满足特定的项目要求。

自ENVI 5.0版本开始，ENVI采用了全新的软件界面，从整体上增强了用户体验，对图标做了更现代化的设计。启动ENVI 5.1，操作界面如图4-1所示，包括菜单栏、快捷键、图层管理器、数据显示区、工具箱。

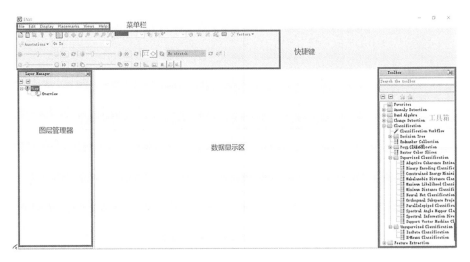

图4-1　ENVI 5.1操作界面

为了方便老用户使用，ENVI 5.x还保留了经典的菜单+三视窗的操作界面（见图4-2），也就是在安装 ENVI 5.1 的时候，ENVI Classic版本会自动安装。其实ENVI Classic就是一个完整的ENVI 4.8或更早期的版本。习惯这种界面风格的用户，可以选择ENVI Classic界面进行操作。

在 ENVI 5.x 中，使用"File"→"Open"菜单打开 ENVI 图像文件或其他已知格式的二进制图像文件。ENVI会自动识别和读取不同类型的文件（见表4-1）。

读入数据后：

选择图像的显示方式：首先选择灰度图像显示方式（Gray Scale，单个波段）或者彩色图像显示方式（RGB Color，三个波段）；接着点击"No Display"→"New Display"；最后点击"Load Band"按钮，图像就被显示在三视窗中。

图4-2 ENVI 5.1 Classic 操作界面

表4-1 ENVI自动识别的主要数据类型

• AVHRR	• HDF SeaWiFS	• MrSID
• BMP	• JPEG	• NLAPS
• ER Mapper，PCI（.pix）	• JPEG 2000	• PDS
• ERDAS 7.x（.lan）	• Landsat 7 Fast（.fst）	• RADARSAT
• ERDAS IMAGINE 8.x（.img）	• Landsat 7 HDF	• SRF
• GeoTIFF	• MAS—50	• TIFF
• HDF	• MRLC（.dda）	• Tiled Mosic（.til）

当打开一个图像文件时，该图像文件会在ENVI的三视窗中显示，其中包括主图像窗口、滚动图像窗口（Scroll）和缩放显示窗口（Zoom），如图4-3所示。用户可以在"Display"窗口中选择菜单"Enhance"进行拉伸显示。滚动图像窗口显示的是整个图像的全景，类似于ArcGIS"全图"工具。

主图像窗口显示的是滚动图像窗口中的方框区域图像。缩放显示窗口显示的是主图像窗口中的方框区域图像。

4.1.5　实习内容

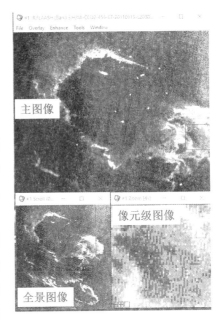

图4-3　栅格数据三视窗显示方式

遥感影像解译是通过遥感影像获取目标地物信息的过程。遥感影像解译主要有两种途径：一种是目视解译，也被称为目视判读或目视判译。它是指专业人员通过直接观察或者借助辅助判读仪器在遥感影像上获取特定目标地物信息的过程。另一种是遥感影像计算机解译，又称遥感影像理解。它以计算机系统为支撑环境，结合模式识别技术和人工智能技术，根据遥感影像中目标地物的包括颜色、形状、纹理与空间位置等在内的各种影像特征，结合已有的专家知识库中目标地物的解译经验和成像规律等知识进行分析和推理，实现对遥感影像的理解，完成对遥感影像的解译。

目视解译是遥感应用的一项基本技能，解译结果受到很多因素的影响，所以在解译的过程中，在遵循方法的同时，要综合考虑具体植物所处生境类型、生长期等因素。此外，还应结合最大似然法、支持向量机和人工神经网络等计算机分类模型，提高解译效率和精度，掌握不同解译方法，增加解译经验。本实习建议选取3～5种典型植物群落，结合照片、高分影像数据来进行遥感判读和解译。

本实习结合两种方法，通过外业调研和目视解译建立典型植物群落的解译标志。内业工作基于已建立的解译标志，采用支持向量机分类方法和人工神经网络分类方法，完成实验区域植物群落解译分类以及分类精度验证工作，制作相关专题图。下面介绍湿地典型植物群落的目视解译的基本原理。

目视解译植被类型的方法有检索法和综合法。检索法是进行大比例尺航空像片植被判读的方法；综合法是进行小比例尺航空像片和卫星图像判读的方法。在工作中，两种方法常常兼用。检索法是将航空像片上各种植被类型、群落和树种的影像特征，根据形状、大小、色调等判读标志列成检索表，以建立各种植被类型、群落和树种的判读标志检索表和样片，再根据这些典型样片进行大面积地区的植被类型分析和制图。综合法是根据各类植被的结构外貌、生境条件、分布规律和季相物候特征进行分析，借以确定植物群落的类型的方法。由于该方法将植被与地理景观联系起来进行判断，因此又称"景观判读法"。

植被的目视判读主要是从影像的色调、纹理结构和地物所处的位置入手。当比例尺较大时，植被的树冠形状、大小和阴影的形状等都是判读时应当注意的影像标志。植被影像的色调因成像的季节、时间、环境条件、植被种类、群落的生长阶段、疏密程度和长势等因素的不同而不同，正是这些可区分性，使得识别、解译工作得以实现。当植被影像细小密集时，植物群落在一定比例尺的影像上反映出不同的影像纹理，为植被类型的判读提供粗略识别的判读标志。根据湿地植被自身的特点，从分布位置入手，结合图斑形状，也能找到判读依据。

遥感影像中的目标地物特征是地物电磁辐射差异在影像上的典型反映。按其表现形式的不同，目标地物特征可以概括为色、形、位三大类。以下从色、形、位入手，结合7—9月青西郊野公园实地调研情况，介绍目视解译湿地植物群落的主要方法。

（1）色

"色"指目标地物在遥感影像上的颜色，包括目标地物的色调、颜色和阴影等。

当一幅遥感影像呈现在我们面前时，在做出相应的波段选择后，即可以通过地物颜色来初步了解研究区。根据色彩的差异，可以明显分辨出遥感影像中的植被、水体、道路等目标地物：水体呈黑色，植被以绿色为主，道路则发白。植物群落虽然占主导地位，而且都是绿色，但是其稀疏程度和类型的不同使得呈现出的色调也有明暗、深浅的差异。

观察遥感影像中的颜色，我们发现紧靠水体的植物群落颜色总体都比较艳丽明亮，用肉眼可以看到一些明暗不同的细小斑块。这应该是和植物所处生长期以及不同植物群落的叶绿素含量不同有关。这些都应该成为目视解译的依据和线索。

（2）形

"形"指目标地物在遥感影像上的形状，包括目标地物的纹理、大小、图形等。当对遥感影像有了总体的认识后，我们就需要注意更加详细的信息，比如：虽然都是植物群落，但是有些植物群落纹理粗糙，有些却相对平滑。这主要是因为受到植被冠层的影响。在高分辨率影像上，我们通常可以做出更深层次的判读。对于灌木或者乔木来说，植被冠层相对较大，会在影像上形成阴影。和草本植物群落相比较，木本植物群落的影像纹理相对粗糙。

（3）位

"位"指目标地物在遥感影像上的空间位置，包括目标地物分布的空间位置、相关布局等。研究发现，湿地植被类型分布有自己的特点，因为湿地的植物群落对水的依赖度较高，所以湿地典型植物群落大多呈现出沿水体方向的条带状分布规律。从理论上来讲，沿着离水体渐远的方向做个植物群落剖面，植物群落应该呈现出从挺水湿生草本植物群落到旱生木本植物群落的分布特点。青西郊野公园湿地植被类型十分丰富，典型的植物群落有莲花群落、梭鱼草群落、蒲苇群落、水杉群落等（见图4-4）。莲花、梭鱼草、蒲苇、水杉生活在水面/水边，紧接着是以葎草群落、小蓬草群落为代表的草本植物群落，再往陆上是以银杏群落、构树群落、桂树群落等为代表的旱生木本植物群落（见图4-5）。

上面介绍了目视解译的一般方法和技巧，下面再对遥感影像计算机解译方法做简要介绍。这里以遥感影像计算机解译监督分类为例，做分类原理的简介。监督分类，又称训练分类法，指用被确认类别的样本像元去识别其他未知类别像元的过程。它是在分类之前通过目视判读和野外调查，对遥感影像上某些样区中影像地物的类别属性有了先验知识，对每一种类别选取一定数量的训练样本，用计算机计算每种训练样本的统计信息，形成种子类别，同时用这些种子类别对判决函数进行训练，使其符合对各种子类别分类的要求，随后用训

莲花

梭鱼草

蒲苇

水杉

图4-4　典型湿地植物群落

图4-5　研究区的植物群落

练好的判决函数去对其他待分类数据进行分类，使每个像元和训练样本作比较，按不同的规则将其划分到和其最相似的样本类，以此完成对整个图像的分类（见图4-6）。

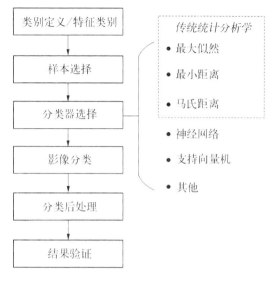

图4-6 监督分类步骤

我们可以根据分类的复杂度、精度需求等选择分类器。目前，ENVI的监督分类方法中基于传统统计分析学的方法包括最大似然、最小距离、马氏距离等。另外，神经网络、支持向量机和针对高光谱的波谱角等也是常用分类方法。下面是几种分类器的简单描述。

- 最大似然（Maximum Likelihood）

假设每一个波段的每一类统计都呈正态分布，计算给定像元属于某一训练样本的似然度，像元最终被归并到似然度最大的一类当中。

- 最小距离（Minimum Distance）

利用训练样本数据计算出每一类的均值向量和标准差向量，然后将均值向量作为该类在特征空间中的中心位置，计算输入图像中每个像元到各类中心的距离，到哪一类中心的距离最小，该像元就归入哪一类。

- 马氏距离（Mahalanobis Distance）

计算给定像元到各训练样本的协方差距离（一种有效的计算两个未知样本集的相似度的方法），找到协方差距离最小的训练样本的类型，将该像元归为此类。

- 神经网络（Neural Net）

其原理是用计算机模拟人脑的结构，用许多小的处理单元模拟生物的神经元，用算法实现人脑的识别、记忆、思考过程。这是一种简化的人脑数学模型：它不需要任何关于统计分布的先验知识，不需要预定义分类中各个数据源的先验权值，可以处理不规则的复杂数据，而且易与辅助信息结合。

● 支持向量机（Support Vector Machine，简称SVM）

SVM是一种建立在统计学习理论（Statistical Learning Theory）基础上的机器学习方法。SVM可以自动寻找那些对分类有较大区分能力的支持向量，由此构造出分类器，并将类与类之间的间隔最大化，因而有较好的推广性和较高的分类准确率。

● 波谱角（Spectral Angle Mapper）

它是在N维空间将像元与参照波谱进行匹配，通过计算波谱间的相似度，之后对波谱之间相似度进行角度的对比，较小的角度表示像元与参照波谱间更大的相似度。

4.1.6 实习操作流程

（1）建立典型植物群落解译标志

在ArcMap中对原始遥感影像进行预处理，将外业调研数据转化为矢量数据集（见图4-7）。分类设为莲科、杉科、樟科、水稻、水体、居民区与建筑，并对研究区的遥感影像进行目视解译（见图4-8）。

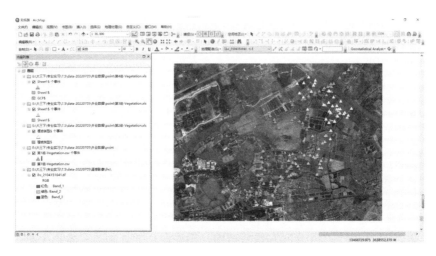

图4-7　实地调查样本数据

图4-8　目视解译结果

选取训练样本ROI（Region of Interest，感兴趣区）和验证样本ROI并进行分离度计算，操作步骤为："Options" → "Compute ROI Separability"（见图4-9）。分离度值在0和2之间，数值越大，代表不同类别样本ROI分离度越高。通常认为分离度在1.8以上就满足要求。需要注意的是，如果所选的不同类别样本ROI像元数量太少，则可能出现分离度高但分类结果不好的情况。

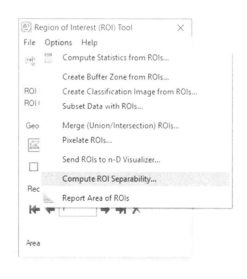

图4-9　计算分离度

（2）选取不同监督分类方法对青西郊野公园的地物进行分类

根据计算机的计算能力，依次选择最小距离法、最大似然法、人工神经网络分类等监督分类方法。基于传统统计分析学的分类方法参数设置比较简单，在"Toolbox/Classification/Supervised Classification"中能找到相应的分类方法，选择待分类影像，点击"OK"按钮，按照默认设置参数输出分类结果。

（3）精度验证

对分类结果进行评价，确定分类的精度和可靠性。两种方式可用于精度验证：一是混淆矩阵，二是ROC曲线。比较常用的为混淆矩阵；ROC曲线可以用图形的方式表达分类精度，但比较抽象。

真实的感兴趣区域的验证样本可以从高分辨率影像上选择，也可以通过野外实地调查获取，原则是获取的类别参考源应具有真实性。真实参考源有两种：一是标准的分类图，二是所选择的感兴趣区域（验证样本区）。两者都可以通过主菜单→"Classification"→"Post Classification"→"Confusion Matrix"或者"ROC Curves"来选择。

● 总体分类精度

总体分类精度等于被正确分类的像元总和除以总像元数。被正确分类的像元数目沿着混淆矩阵的对角线分布，总像元数等于所有真实参考源的像元总数，如分类精度表中的 Overall Accuracy =（1363140/1715627）≈79.4543%。

● Kappa 系数

Kappa 系数是统计学中度量一致性的指标。对于遥感分类问题，一致性代表计算机分类结果和实际分类情况是否一致。Kappa 系数的计算基于混淆矩阵，通过混淆矩阵能够清楚地看到每种植物群落正确分类的像元数以及被错分的像元数。Kappa 系数取值为−1到1之间，通常大于0。值为−1时，代表完全不一致；值为0时，代表偶然一致，取值为0.0～0.20、0.21～0.40、0.41～0.60、0.61～0.80和0.81～1时，分别代表极低的一致性、一般的一致性、中等的一致性、高度的一致性和几乎完全一致。Kappa 系数的计算如公式4.1所示。

$$K = \frac{N \cdot \sum_{i=1}^{I} x_{ii} - \sum_{i=1}^{I} x_{i+} \cdot x_{+i}}{N^2 - \sum_{i=1}^{I} x_{i+} \cdot x_{+i}} \qquad （公式4.1）$$

式中，N为像元总数，i为类型序号，I为类型总数，x_{ii}是混淆矩阵中第i行i列的元素值，x_{i+}是混淆矩阵的第i行所有元素之和，x_{+i}是混淆矩阵的第i列所有元素之和。

- 错分误差

错分误差指被分为某一用户感兴趣的类，而实际上属于另一类的像元。它显示在混淆矩阵里面。如水体类型有 419 个真实参考像元，其中被正确分类的有407个，有12个是其他类别被错分为水体（混淆矩阵中水体一行其他类的总和），那么其错分误差率为12/419≈2.9%。

- 漏分误差

漏分误差指本身属于地表真实分类，但没有被分类器分到相应类别中的像元数。如水体类型有真实参考像元419个，其中416个正确分类，其余3个被错分为其他类（混淆矩阵中水体类一列里其他类的总和），漏分误差率为3/416≈0.7%。

- 制图精度

制图精度指分类器将整个影像的像元正确分为A类的像元数（混淆矩阵中对角线值）与A类真实参考像元总数（混淆矩阵中A类列的总和）的比率。如水体类型有419个真实参考像元，其中265个被正确分类，因此水体的制图精度是265/419≈63.25%。

- 用户精度

用户精度指正确分为A类的像元数（混淆矩阵中对角线值）与分类器将整个影像的像元分为A类的像元总数（混淆矩阵中A类行的总和）的比率。

从图4-10、图4-11、图4-12可以看出，人工神经网络（ANN）分类精度明显优于最小距离法和最大似然法。基于人工神经网络分类法得到的青西郊野公园湿地植被遥感分类成果符合实习预期，总体分类精度超过84%，而且Kappa系数达到了0.80。但需要注意的是，人工神经网络分类法效率不高

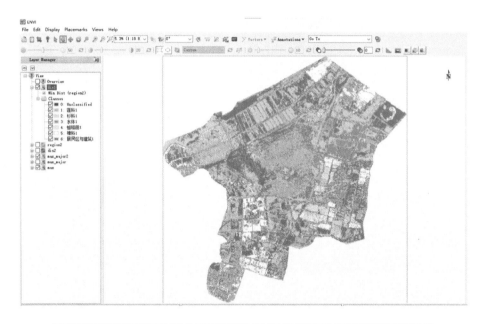

图4-10　最小距离法分类结果及精度验证

（注：总体分类精度为52.56%，Kappa系数为0.38。）

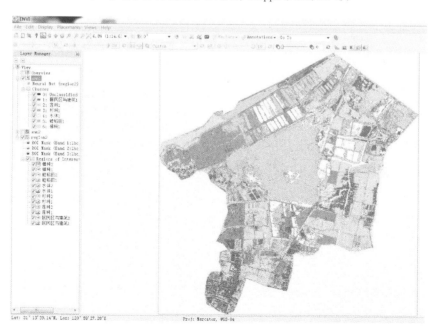

图4-11 最大似然法分类结果及精度验证

（注：总体分类精度为79.45%，Kappa系数为0.74。）

图4-12 人工神经网络（ANN）分类结果及精度验证

（注：总体分类精度为84.07%，Kappa系数为0.80。）

且需要较完善的硬件设施，分类过程运行时间较长。

监督分类中的样本选择和分类器的选择比较关键。在样本选择时，为了更加清楚地查看地物类型，可以适当地对图像做一些增强处理，如主成分分析、最小噪声变换、波段组合等操作，以便于样本的选择；分类器需要根据数据源和影像的质量来选择。

4.1.7 学生实习成果展示

表4-2 植被数据采集表

序号	经度（E）	纬度（N）	植被类别	植被名称	高度（m）	覆盖度	备注	组别
1	120.986 968 33	31.060 536 67	乔木	柚子树	2.5	0～25%	已结果	1
2	120.986 985 00	31.058 410 00	乔木	银杏	7.5	0～25%		1
3	120.986 515 00	31.058 156 67	草本	小蓬草	1	25%～50%		1
4	120.987 020 00	31.061 875 00	草本	芦苇	2	75%～100%		1
5	120.986 543 33	31.056 570 00	乔木	柳树	7.5	25%～50%		1
6	120.986 983 33	31.055 861 67	乔木	榉树	5	50%～75%		1
7	120.985 778 33	31.056 713 33	乔木	桂树	3	75%～100%	未开花	1
8	120.986 041 67	31.056 666 67	乔木	构树	4.5	75%～100%		1
9	120.984 833 33	31.057 740 00	草本	狗尾草	1.5	25%～50%		1
10	120.986 813 33	31.060 600 00	草本	葎草	0.75	50%～75%		1
11	120.991 988 62	31.055 744 53	草本	沿阶草	0.3	50%～75%		2
12	120.991 785 38	31.055 431 32	草本	黄菖蒲	0.3	25%～50%		2
13	120.991 799 34	31.055 398 30	乔木-杉科	落羽杉	7	25%～50%		2
14	120.991 829 23	31.055 350 24	草本-莲科	荷花木兰	6	0～25%		2
15	120.991 295 25	31.054 452 36	乔木-杉科	池杉	7	0～25%		2

续 表

序号	经度（E）	纬度（N）	植被类别	植被名称	高度（m）	覆盖度	备注	组别
16	120.991 093 01	31.054 215 10	草本	菜地	0.4	50%～75%		2
17	120.990 721 38	31.053 936 38	乔木-樟科	香樟	6	75%～100%		2
18	120.990 495 25	31.053 406 36	草本	杂草	0.3	50%～75%		2
19	120.990 390 66	31.053 014 90	乔木-樟科	香樟	67	50%～75%		2
20	120.990 173 35	31.054 230 85	乔木-杉科	水杉	7	50%～75%		2
21	120.989 400 15	31.054 342 10	乔木-樟科	香樟	7	75%～100%		2
22	120.989 263 61	31.054 763 27	草本	菜地	0.4	50%～75%		2
23	120.989 309 41	31.055 151 91	乔木-杉科	水杉	7	50%～75%		2
24	120.989 397 10	31.055 097 68	乔木-樟科	香樟	7	75%～100%		2
25	120.987 421 26	31.054 840 71	草本-水稻	水稻田	0.3	75%～100%		2
26	120.986 753 60	31.055 561 28	草本-水稻	水稻田	0.3	75%～100%		2
27	120.986 993 63	31.056 885 81	乔木	柚子树	2.5	75%～100%	已结果	2
28	120.987 632 26	31.057 743 42	乔木	柚子树	2.5	75%～100%	已结果	2
29	120.987 716 95	31.057 779 15	乔木	桂树	2	0～25%		2
30	120.987 091 06	31.059 514 01	乔木	银杏	7.5	25%～50%		2
31	120.987 332 98	31.062 091 82	乔木-樟科	香樟	7	75%～100%		2
32	120.995 114 70	31.061 405 84	草本	芦苇	2	50%～75%		2
33	120.995 828 17	31.060 391 26	乔木-杉科	水杉	8	50%～75%		3
34	120.995 074 65	31.059 346 80	草本-水稻	水稻田	0.3	75%～100%		3
35	120.995 078 00	31.059 431 09	灌木	六道木	0.5	0～25%	开白花	3
36	120.994 704 15	31.058 675 74	草本-水稻	水稻田	0.3	75%～100%		3

续　表

序号	经度（E）	纬度（N）	植被类别	植被名称	高度（m）	覆盖度	备注	组别
37	120.994 435 44	31.058 480 57	草本	芦苇	2	75%～100%		3
38	120.994 017 01	31.058 039 09	乔木-杉科	水杉	1.3	25%～50%	人工修剪间隔种植	3
39	120.993 742 06	31.057 812 96	草本	芦苇	2	75%～100%		3
40	120.993 608 00	31.057 516 00	乔木-樟科/杉科	樟、水杉混合林	8	75%～100%	西片区	3
41	120.994 035 00	31.056 375 00	草本	农田	0.3	75%～100%		3
42	120.993 421 32	31.057 503 82	乔木	楝树、石楠		25%～50%	人工间隔种植	3
43	120.992 376 30	31.056 072 06	乔木	柳树	3	50%～75%	沿河岸分布	3
44	120.994 132 57	31.058 186 66	乔木	木棉	1.8	0%～25%		3
45	120.983 657 33	31.053 099 15	草本-水稻	水稻田	0.35	50%～75%		4
46	120.983 851 37	31.053 052 62	乔木	景观树	0.5	0%～25%		4
47	120.986 172 30	31.054 036 44	乔木	圆柏	3	25%～50%		4
48	120.985 547 13	31.052 491 99	乔木	柚子树	2.75	0%～25%	已结果	4
49	120.985 399 21	31.050 710 40	乔木	栾树	8	0%～25%		4
50	120.983 014 52	31.052 381 02	乔木	黄杨	0.5	0%～25%		4
51	120.983 646 64	31.051 976 47	乔木-樟科	樟树	6.5	0%～25%		4
52	120.985 509 77	31.052 828 34	乔木	黄杨、山茶	0.5	0%～25%		4
53	120.983 930 61	31.052 331 44	草本-莲科	荷花木兰	5.5	0%～25%		4

（注：本表未录入"照片文件名"和"时间"，实习时可根据实际需要添加。）

图例
居民区与建筑
水体
莲科
杉科
樟科
水稻

0 0.25 0.5 1
千米

图4-13 结合目视解译与人工神经网络分类的青西郊野公园湿地植物群落分布

类别名称	像元数	面积占比（%）
居民区与建筑	9769914	5.81
水体	94240220	56.00
莲科	22976812	13.65
杉科	2309564	1.37
樟科	20699597	12.30
水稻	18285227	10.87

图4-14 分类结果统计

4.2 无人机低空航摄

4.2.1 实习目的

无人机低空航摄是以无人机为空中平台，以机载遥感设备如高分辨率数码相机、红外扫描仪、激光扫描仪等获取地面信息，并用计算机软件对获取到的地物信息进行处理，按照一定精度和规范要求制作成图像、三维模型等产品的过程。无人机低空航摄在国土资源勘测、城市地理信息系统管理等领域有着广泛的应用前景。

在野外实习过程中使用小型无人机进行小区域低空航摄的基本目的是：

（1）巩固、加深和扩展学生的知识面，使学生掌握使用小型无人机进行野外数据采集、数据处理、生成产品等一系列数据生产流程的基本技能。

（2）使学生学会基于无人机数据制作正射影像的方法。

（3）培养学生理论联系实际和动手操作的能力，使学生具有严谨认真的科学态度、实事求是的工作作风、吃苦耐劳的精神品质以及团结协作的集体观念。

4.2.2 实习要求

学生在实习开始前需要认真阅读无人机操作手册与相关参考资料；在外业实习过程中认真听教师讲解无人机的起飞安全注意事项与操作方法，并作好笔记；外业工作结束后，以小组为单位，进一步完成内业工作。最终需提交的成果包括：

（1）一幅拼接完整的低空航摄影像，影像中应包含实习路线中规划好的拍摄区域。

（2）一份无人机低空航摄实习成果报告，报告中需写明所使用的软件、实习步骤，并附上相应的截图。

4.2.3 实习注意事项

在进行无人机低空航摄飞行前，需要进行以下准备：

（1）执行飞行任务前对无人机进行安全检查，保证其能满足正常飞行的需求。

（2）尽量选择晴朗、无风或微风的天气进行航摄。

（3）根据航摄需求设置相机，如照片格式、曝光度等。

（4）飞行前可进行试飞，以帮助规划航线和取景。

（5）飞行过程中尽量小幅度地操作遥控器上的推杆以使无人机平稳地飞行。

4.2.4　实习设备与软件介绍

本次实习使用的设备是某品牌的无人机（见图4-15）。该无人机设备由飞行器、遥控器、云台相机以及配套使用的移动端无人机控制软件组成。飞控系统集成于飞行器机身内，一体式云台位于机身下部，用户可通过安装于移动设备如手机端的无人机控制软件控制云台以及相机。高清图传整合于机身内部，用于高清图像传输。该无人机设备配备20 mm（35 mm格式等效）低畸变广角相机和高精度防抖云台以及1 200万像素图像传感器，可拍摄1 200万像素JPEG以及无损RAW格式的照片。在视频拍摄方面，其最高规格可以拍摄4K每秒30帧超高清视频。此外，飞控系统具备双冗余IMU和指南针系统以提升安全性，配合全新的智能电机驱动器，提供敏捷、稳定、安全的飞行性能。返航功能可使飞行器在失去遥控信号或电量不足时自动飞回返航点并自动降落。遥控器内置全新一代Lightbridge高清图传地面端，与飞行器机身内置的Lightbridge机载端配合，可通过移动端无人机控制软件在移动设备上实时显示高清画面，稳定传输720P图像以及上下行数据。该无人机配备高能量密度智能飞行电池和高效率的动力系统，最大飞行速度20米/秒，最大飞行时间约为28分钟。

通过移动端无人机控制软件可以将手机无线网络与无人机飞行器进行连

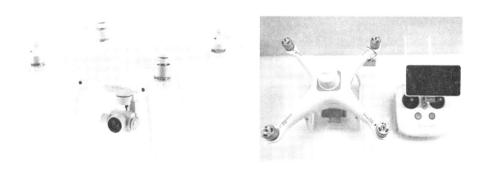

图4-15　某品牌无人机设备

接，支持最新的各种机型，可以配合飞行器实现实时图传查看、相机参数设置、飞行路线设置，以及所拍视频和图片的编辑、分享等功能。软件首页界面如图4-16所示。

本实习还利用了PhotoScan软件对无人机采集的照片进行拼接。PhotoScan是一款基于影像自动生成高质量三维模型的软件，无需设置初始值和相机检校就可以根据最新的多视图三维重建技术，对任意照片进行处理。PhotoScan还可生成高分辨率真正射影像（使用控制点可达5 cm精度）及带精细色彩纹理的DEM模型。完全自动化的工作流程，即使非专业人员也可以在一台电脑上处理大量的航空影像，生成专业级别的摄影测量数据。

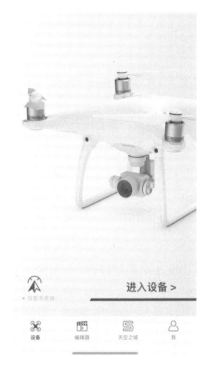

图4-16 某品牌无人机手机端应用软件首页界面

4.2.5 实习内容

利用无人机获取青西郊野公园的航拍影像并制作低空遥感正射影像，具体内容如下：

外业：

（1）了解小型无人机构造并进行无人机起飞前的准备，如地面遥控平台操作、飞行器电池及螺旋桨安装、手机端无人机控制软件的使用、云台（相机）设置、飞控参数设置等。

（2）掌握小型无人机"起飞—拍照—返航"流程以及飞行过程中的操控方法。

内业：

（1）无人机航拍像片处理。

（2）基于无人机航拍像片的正射影像拼接。

4.2.6　实习路线

本次无人机低空航摄实习的区域位于青西野外生态气象综合观测站（见图4-17）。

图4-17　无人机低空航摄范围（方框内的区域）

4.2.7　实习操作流程

1. 无人机起飞前准备

在飞行开始前，学生需通过阅读无人机使用说明书了解机型及其构造与组件、安装与电池充电方法，在手机端下载并安装好无人机控制软件，知道手机和无人机如何进行连接配对，熟悉移动端无人机控制软件的操作界面、飞控参数设置、飞行过程中向飞行器发出拍照指令的方法。飞行前的准备工作以小组为单位进行，每个组员需明确自身职责。

某品牌无人机飞行器主要由飞控系统、通信系统、定位系统、动力系统以及智能飞行电池组成（见图4-18）。学生参照说明书对飞行器和地面通信设备进行安装，安装完成后由教师对每一组的安装情况进行审核。

设备安装完成后，可使用移动端无人机控制软件模拟器（手机端）进行飞控参数的设置。首先，需要建立飞行器与手机的连接，即参考说明书打开无人机飞行器的开关，接着打开手机进入系统设置界面开启蓝牙功能，并在

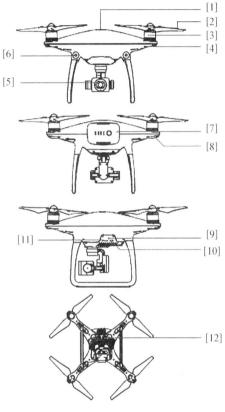

图4-18 某品牌无人机飞行器部件名称

[1]GPS [2]螺旋桨 [3]电机 [4]机头 LED指示灯 [5]一体式云台相机 [6]前 视障碍物感知系统 [7]智能飞行电池 [8]飞行器状态指示灯 [9]相机、对频状态 指示灯/对频按键 [10]调参接口 [11]相 机Micro SD卡槽 [12]视觉定位系统

下方信号中等待扫描到无人机的信 号后点击即可连接；然后，打开移 动端无人机控制软件，首页界面如 图4-16所示，点击"进入设备"便 可看到相机界面，如图4-19所示。

图4-19中左上角图标从左到右 依次代表的是飞行模式和GPS指示 器。当GPS指示器显示的信号塔至 少有3格，并且记录到的卫星在6颗 以上时，就可以记录返航点并起飞。 图4-19中右上角图标从左到右依次 代表遥控器的信号、图传信号、电 量显示和其余各项设置。点击最右 上角的设置图标，即可进行飞控参 数设置（见图4-20），包括新手模 式、返航点设置、返航高度、最大 高度限制、距离限制（限远）、灵敏 度、传感器、失控行为、低电量智 能返航、云台拨轮控制速度、遥控 器校准、摇杆模式等。

（1）返航点设置

返航点设置的右侧有两个按钮

（见图4-20）。第一个按钮的作用是将返航点刷新到无人机目前的位置，第 二个按钮的作用是将返航点刷新到目前用户的图传显示设备GPS的位置。如 果用户使用的是没有自带GPS功能的手机或者平板电脑，则只能使用第一种 返航点刷新方式。

（2）返航高度

当飞行器失去控制，触发失控返航，或者用户选择手动智能返航的时

图4-19 移动端无人机控制软件相机界面

图4-20 移动端无人机控制软件飞控参数设置（返航点设置、返航高度、允许切换飞行模式）

候，这项参数就显得十分重要。当触发失控返航的时候，飞控系统会读取飞行器当前设置的返航高度。如果目前飞行高度高于返航高度，飞行器将会按照当前的高度朝着返航点飞回。如果当前高度低于返航高度，飞行器则会上升到返航高度并且飞回返航点。如果返航高度设置的是默认的30米，那么在一个高楼林立的地方飞行，就极有可能在返航的时候撞上建筑物，从而导致飞行事故。因此，应将返航高度设置到一个绝对不会撞上固定建筑物的高度。

（3）允许切换飞行模式

如果打开"允许切换飞行模式"开关，就可以切换如A档姿态模式、F档智能飞行模式。这项设置主要是为了防止新手在飞行器飞行过程中不小心触动了飞行模式开关，却不懂得相应模式的操作所导致的事故。

（4）新手模式

在新手模式下，飞行器的飞行速度将会变慢很多，并且限制飞行高度和距离都是30米。这样能够保证新手飞行的安全（见图4-21）。

图4-21 移动端无人机控制软件飞控参数设置（新手模式、最大高度限制、距离限制）

（5）最大高度限制

即限高，某品牌目前对飞行器的高度限制是500米。用户可以在20～500米这个范围内调节高度。

（6）距离限制

距离限制是一个可选项，用户可以选择打开或者关闭。如果打开，那么后面将会出现一个输入框，能够调节所需要的限远设置。

（7）高级设置

在飞控参数设置的最下面还有一个"高级设置"，里面包含很多更加专业的选项（见图4-22、图4-23）。

图4-22 移动端无人机控制软件高级设置（EXP、灵敏度、传感器）

图4-23 移动端无人机控制软件高级设置（失控行为、低电量智能返航）

EXP是油门相对于输入的一个输出曲线，可以使物理油门输出不完全按照输入一样线性。

灵敏度指的是可以调节刹车、油门等的灵敏度，如果想要让画面从动态到静态的变化更加平滑，那么可以将刹车的灵敏度降低。

传感器选项里有一个在遇到飞行器预热时间久或者云台不正常时经常用到的功能：IMU校准。除此之外，在这里还可以看到整个飞行器的传感器数据，如三轴加速度传感器、三轴姿态传感器等。

失控行为选项用来确定当飞行器失去控制时将会进行什么操作（见图4-23）。有三个选项：悬停、降落、返航。推荐选择返航，因为这样能够最大限度地保证飞行器在失去控制时的安全。

低电量智能返航：移动端无人机控制软件会在飞行的时候通过当前飞行器与返航点的距离、当前飞行器电量以及高度来自动计算返航所需要的电量，到达这个电量之后，App会弹出提示。用户可以选择自动返航，这样可以避免因用户没有注意到电量即将耗尽而导致的无法回到返航点的问题。

（8）拨轮控制云台

使用遥控器控制云台俯仰时，可通过遥控器上方的波轮来达到控制的目的。

（9）遥控器校准

当遥控器出现扳到底仍无法解锁电机、开机时遥控器不停地响等问题时，就有可能是遥控器需要校准了。通过水平校准、垂直校准、指南针校准可完成遥控器的校准。

（10）摇杆模式

其中包含美国手、中国手、日本手等模式。

2. 无人机低空航摄像片采集

由于本实习拍摄的区域较小，学生选择"新手模式"进行飞行。最大高度限制设置为50米，返航高度小于50米。在飞行前，学生应认真阅读某品牌无人机免责声明和安全操作指引，了解安全注意事项。四个小组的飞行区域均为图4-17所示区域，各小组应保证飞行过程中飞行器全程都在可视范围内。

教师先进行无人机飞行演示，然后学生在教师的指导下分组依次操控无人机进行航摄像片的采集（见图4-24）。

该部分实习内容按照以下步骤进行：

（1）把飞行器放置在平整开阔的地面上。

（2）开启遥控器（短按后长按）和飞行器智能飞行电池开关（短按后长按）。

（3）在手机端运行无人机控制软件，连接手机与飞行器，进入"相机"界面。

图4-24　教师进行无人机起飞操作演示（上）；
　　　　学生分组操控无人机进行航摄像片的采集（下）

（4）等待飞行器状态指示灯绿灯慢闪，进入可安全飞行状态时，即可执行扳杆动作，启动电机。在飞行器螺旋桨转动待起飞时（或降落后关机前），操纵人员需离飞行器10米开外。

（5）往上缓慢推动油门杆，让飞行器平稳起飞。飞行器起飞后，用户可通过轨迹飞行模式设定航线轨迹。该模式设置允许用户通过在移动端无人机控制软件相机界面画出任意飞行轨迹来指定飞行器沿自定义轨迹飞行。为了飞行过程中更省电，原则上应让无人机尽可能处于匀速飞行状态，因此航线应尽量规则，"折返跑"次数越少越好。在飞行器沿航线飞行的同时，用户在手机端无人机控制软件界面直接点击"拍照"按钮即可控制飞行器的镜头，进行拍摄。在飞行过程中，用户可以根据需要设置拍摄模式、飞行高度、重叠率等参数，对飞行器的实时状态进行调整。

拍摄模式设置为等时间隔拍摄。不建议使用默认的航点悬停拍摄，因为该模式下拍摄每张照片时无人机都要经历减速、悬停、拍摄、加速的过程，非常耗电，航拍效率较低。

飞行高度可通过滑动下方滑块进行调整。随着高度的升高，分辨率数值也逐渐变大，因此可根据对成果分辨率的需求调整此次飞行高度。分辨率与飞行高度的比例关系和当前机型对应的相机参数有关，主要是相机分辨率和焦距这两个参数。

对于正射影像成果，一般航向重叠率和旁向重叠率达到60%即可。在此次测试中，为了达到更好的效果，我们将两个重叠率均设置为80%。

如果要进行实时录像，可在移动端无人机控制软件界面进行"相机"与"录像模式"的切换。若光照条件良好，飞行器在前方遇到障碍物时会悬停以进一步提升飞行安全性。

此外，每个小组须安排组员观察飞行器的实时位置，不可擅自将飞行器飞离指定的航拍区域。

（6）当拍摄结束后需要飞行器返航时，应控制速度使其平稳下降，在此过程中缓慢下拉油门杆，使飞行器缓慢降落于平整地面，避免因过快降落撞击地面而造成损坏。

（7）落地后，将油门杆拉到最低的位置并保持3秒以上，直至电机停止。

（8）待飞行器落地停机后关闭飞行器和遥控器电源。这个过程中需先关闭遥控器开关（短按后长按），在关闭遥控器开关前不得靠近飞行器，应与之保持10米以上的距离，之后再关闭飞行器开关（短按后长按）。

3.基于无人机低空航摄像片的正射影像拼接

本次实习的外业结束后，学生要进行内业处理工作，主要内容是将外业获得的低空航摄影像拼接完整，并完成配准。学生需将无人机飞行器中的存储卡取出，将其与电脑连接，把拍摄的像片导出并存于电脑文件目录下（见图4-25），注意保存的文件路径中仅包含英文目录。

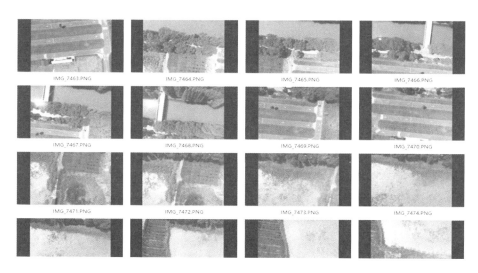

图4-25 无人机外业拍摄到的像片

本次实习使用PhotoScan软件将无人机低空航摄像片进行拼接以生成正射影像。打开PhotoScan软件，在左侧工作区点击"添加模块"按钮，添加模块，软件自动创建新项目，准备导入无人机低空航摄像片（见图4-26）。

在软件上方的工具栏中，点击"工作流程"→"添加照片"，就可以导入需要拼接的无人机低空航摄像片（见图4-27）。

点击"工作流程"→"对齐照片"，软件会根据像片的坐标、高程信息以及相似度自动排列。对齐照片时，软件会弹窗要求选择精度，如果需要现场快速展示像片效果，可以选择低精度，实现像片快速排列；最后点击确

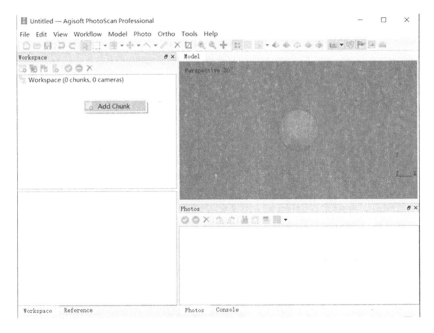

图4-26　PhotoScan工作界面

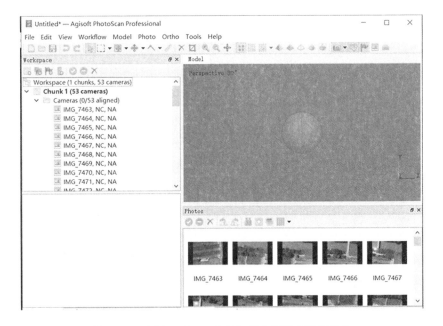

图4-27　在PhotoScan中导入无人机低空航摄像片

认，自动对齐像片（见图4-28）。

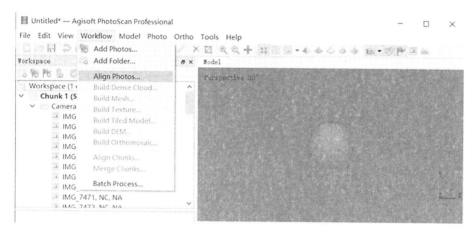

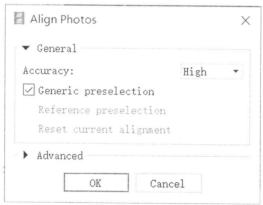

图4-28　利用PhotoScan将无人机低空航摄像片进行对齐（高精度）

下一步是进行照片拼接处理。点击"工作流程"，分别进行建立密集点云（见图4-29）、生成网格（见图4-30）、生成纹理（见图4-31）的操作，根据成像质量需求可以选择质量等级"高""中""低"。

将影像拼接完毕后，可以从模型预览图中看到拼接的影像分布信息。确认无误后，即可导出生成正射影像。点击"工作流程"→"生成正射影像"，参数默认不作修改（见图4-32）。

拼接完毕，点击"文件"可导出拼接成果（见图4-33）。

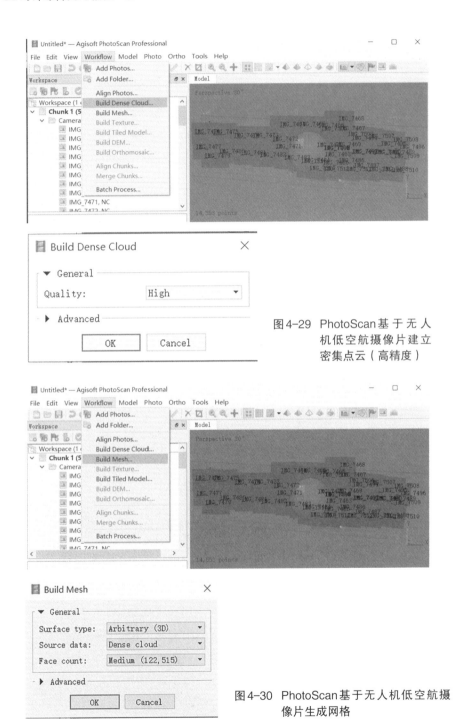

图4-29 PhotoScan基于无人机低空航摄像片建立密集点云（高精度）

图4-30 PhotoScan基于无人机低空航摄像片生成网格

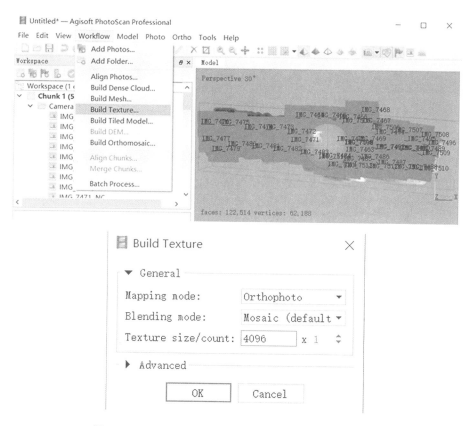

图4-31 PhotoScan基于无人机低空航摄像片生成纹理

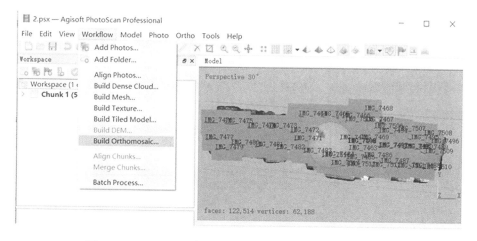

图4-32 PhotoScan基于无人机低空航摄像片生成正射影像

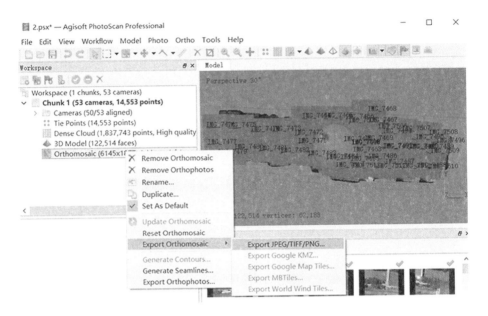

图4-33　PhotoScan基于无人机低空航摄像片将生成的正射影像导出

4.2.8　学生实习成果展示

图4-34为最终成果展示，即为本次外业实习期间无人机航摄范围内的一幅Tiff格式的正射影像。学生通过使用小型无人机进行野外数据采集，应用专业影像处理软件对采集的像片数据进行拼接，最后生成正射影像产品，掌握了一系列无人机航拍数据生产流程的基本技能。

图4-34　无人机低空航摄学生实习成果展示：正射影像拼接

第五章

▽

测 量 实 习

5.1 地籍控制测量及地籍更新调查——经纬仪、水准仪

5.1.1 实习目的

地籍控制测量和地籍更新调查实习可以培养学生理论联系实际、分析问题和解决问题的能力以及实际动手操作能力，使学生具有严谨认真的科学态度、实事求是的工作作风、吃苦耐劳的精神品质以及团结协作的集体观念。同时，该实习也可使学生在业务组织能力和实际工作能力方面得到锻炼，为今后从事相关工作打下良好基础。

通过该实习，学生要掌握以下技能：地籍控制测量、数字地图测绘及内业处理、地籍成果统计等。该实习是一项综合性实习，其中涉及较多实习项目，学生要从思想上充分重视，严格按照规范和实习指导书的要求，圆满完成各个阶段的实习任务。

5.1.2 实习要求

本次实习任务主要包括以下三个方面：

（1）地籍控制测量。

（2）1∶500大比例尺数字地籍图测绘。

（3）相关地籍成果统计。

实习中各项技术指标主要遵循如下测量规范：

（1）《城市测量规范》（CJJ/T 8-2011）。

（2）《地籍测绘规范》（CH 5002-94）。

（3）《国家基本比例尺地图图式　第1部分：1：500　1：1 000　1：2 000地形图图式》（GB/T 20257.1-2017）。

（4）《1：500　1：1 000　1：2 000外业数字测图规程》（GB/T 14912-2017）。

通过实习，应达到以下基本要求：

（1）巩固、扩充和加深已学过的地籍测量知识，使理论与实践相结合。

（2）掌握必要的基本操作技能，熟练地使用水准仪、经纬仪测量方法，能进行小区域地籍控制测量工作。

（3）利用经纬仪采集地籍碎部点数据。

（4）利用测图软件进行地籍图的编辑。

（5）利用测图软件进行面积量算。

（6）利用绘图仪、打印机输出图纸成果。

（7）撰写实习报告。

5.1.3　实习注意事项

（1）实习过程中，学生应遵守仪器的正确使用和管理的有关规定，不得违反仪器的操作步骤或故意破坏仪器。

（2）实习期间，各实习小组组长应认真负责，合理安排小组工作，使各组员能够参与各个工种的工作，都有机会练习。

（3）实习过程中，各实习小组要团结协作，共同完成实习任务，组内成员应相互理解和尊重，不得有打架斗殴等现象发生。

（4）实习期间，要特别注意人员和仪器的安全，各组要有专人看管仪器和工具，作业时不允许出现人离开仪器的情况发生，尤其是对于电子仪器设备应有相应的保护措施，如防止太阳照射、雨水淋湿等，每天实习归来之前应清点所带出去的仪器，有问题应向指导教师如实汇报。

（5）观测期间应将仪器安置好，如由于不正确的操作而使仪器有任何损坏，则由责任人负责赔偿，并按学院规定处理。注意行人和车辆对仪器的影响，出现问题应向指导教师汇报，不得私自拆卸仪器。

（6）所有的观测数据必须直接记录在规定的手簿中，不得转抄野外观测数据，严禁涂改、擦拭和伪造数据；在完成一项测量工作之后，必须现场完成相应的计算和数据整理工作，妥善保管好原始的记录手簿和计算成果。

（7）测量工作必须满足测量规范要求，按实习计划完成各组实习任务。

5.1.4 实习软件介绍

CASS是基于CAD平台开发的一套集地形、地籍、空间数据建库、工程应用、土石方算量等功能于一体的软件系统。它是用户量最大、升级最快、服务最好的主流成图和土石方计算软件，可用于测绘、国土、规划、房产、市政、环保、地质、交通、水利、电力、矿山及相关行业。CASS打破以制图为核心的传统模式，结合在成图和入库数据整理领域的经验，实现了数据成图、建库一体化。同时，该软件满足地形地籍专业制图和GIS建库的需要，可以减少重复劳动，使数据生产、图形处理、数据建库一步到位。

5.1.5 实习内容

本次实习采用的测图比例尺为1∶500。根据测图比例尺，我们可以选择布设二级导线作为首级控制，基本流程如图5-1所示。

本次实习的测区为金泽野外站所在的金泽镇莲湖村谢庄部分区域（见图5-2）。实习学生分为四组，第一组（A）和第二组（B）用经纬仪做平面控制

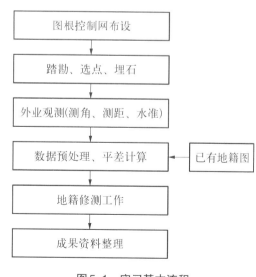

图根控制网布设

踏勘、选点、埋石

外业观测(测角、测距、水准)

数据预处理、平差计算 ← 已有地籍图

地籍修测工作

成果资料整理

图5-1 实习基本流程

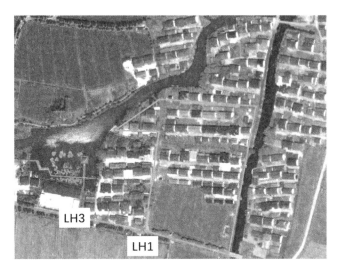

图 5-2　测区示意图

测量，第一组顺时针测，第二组逆时针测；第三组（C）和第四组（D）用水准仪做高程控制测量，第三组顺时针测，第四组逆时针测。测完后，经纬仪组和水准仪组对调，第一组用水准仪顺时针测，第二组用水准仪逆时针测，第三组用经纬仪顺时针测，第四组用经纬仪逆时针测。

（1）选点踏勘：本次实习的测区如图 5-2 所示，为了便于获取控制点的高程信息，要求平面控制测量和高程控制测量用同一批控制点。

本次实习作为模拟生产，统一布设闭合导线，其边长为100米左右，导线边9～14条（不含已知点）。（选点要求：相邻点之间应通视良好，每个点至少与两个点通视，以便于定向和检查；点位尽量避开障碍物，如小树、电线杆、路灯等；点与点的视线方向上与障碍物的距离宜在0.5米以上。）

（2）用经纬仪做平面控制测量，画草图，并在角度观测手簿中记录：

已知点 LH1（$x = -19\,265.508\,5$，$y = -44\,657.230\,1$），LH3（$x = -19\,249.442$，$y = -44\,704.732\,9$），要求起始测站为 LH1，则已知边为 LH1—LH3，已知方位角为288°41′12″，已知 LH1—LH3 距离为50.146米。

对于单一导线，每个测站只有两个方向，本次导线测量只观测一个测回即可。注意：竖立花杆时，要将其精确立于点上，并使其垂直于地面；应待仪器与大气温度一致时开始观测；观测开始前，调好望远镜的焦距，一个测回内保持不变（具体方法参见"经纬仪观测步骤"）。

部分细布点测绘：在平面控制测量完成后，测绘控制点周围所有井盖，并标明井盖用途，后期内业处理时对金泽镇莲湖村谢庄地籍图进行地籍修测处理。

（3）用水准仪做高程控制测量，画草图，并在四等水准测量记录手簿中进行记录。每个小组以给出的高程为起算高程点，由它开始，在范围内布设一个闭合水准路线（控制测量需进行往返测量），水准点必须与平面控制点重合（具体方法参见"水准仪观测步骤"）。已知水准点为 LH3，高程为4.52米。

（4）平面控制概算：绘制控制网略图；对起算数据进行必要的化算；对观测数据进行必要的化算。

（5）高程控制概算：整理并检查外业成果，绘制水准网的布设方案及水准网略图；水准网概算内容及观测成果质量分析；水准网平差、精度评定，后期内业处理时对金泽镇莲湖村谢庄进行高程修测。

5.1.6　实习操作流程

1. 经纬仪的检验与校正

（1）一般性检验

本次使用的仪器为DJ6经纬仪，安装好之后要检验三脚架是否牢固、制动和微动螺旋、微倾螺旋、对光螺旋、脚螺旋等是否有效、望远镜成像是否清晰，等等。

（2）照准部水准管轴垂直于仪器竖轴的检验与校正

检验：初步整平仪器，转动照准部使水准管平行于一对脚螺旋，相对转动这对脚螺旋，使水准管气泡居中；然后将照准部旋转180°，如果气泡仍居中，说明水准管轴垂直于仪器竖轴。置平水准管气泡后，将照准部旋转180°，如果气泡偏离中心，说明水准管轴不垂直于仪器竖轴，应进行校正。

校正：先旋转这一对脚螺旋，使气泡向中央零点位置移动所偏离格数的一半；再用校正针拨动水准器一端的校正螺丝，使气泡居中；然后将仪器严格整平后进行检验，反复进行几次，直到气泡居中后再转动照准部，若气泡偏离在半格以内，可不再校正。

（3）十字丝竖丝的检验与校正

检验：整平仪器后，用十字丝竖丝的最上端照准固定点 P 点（见图5-3），固定照准部制动螺旋和望远镜制动螺旋，然后转动望远镜微动螺旋，使望远镜上下微动，如果该点目标不离开竖丝，说明此条件满足，否则需要校正。

校正：旋下望远镜目镜端十字丝环护罩，用螺丝刀松开十字丝环的4个固定螺丝（见图5-3）；轻轻转动十字丝环，使竖丝处于竖直位置。调整完毕后务必拧紧十字丝环的四个固定螺丝，随后旋紧十字丝环护罩。

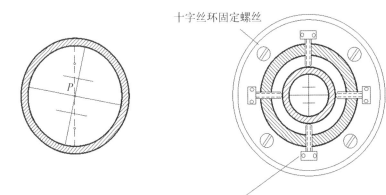

图5-3　十字丝竖丝的检验与校正

（4）视准轴的检验与校正

检验：盘左瞄准某点 P，水平度盘读数为 L；盘右再瞄准 P，读数为 R；如果 $|L-(R\pm180°)|>20''$，则需要校正。

校正：盘右，水平度盘应有读数：$R'=\frac{1}{2}[R+(L\pm180°)]$。旋转水平微动螺旋，使盘右的水平度盘读数为 R'。此时，十字丝竖丝必定偏离目标，用校正针拨动左、右一对十字丝环校正螺丝，使竖丝对准目标 P。

（5）横轴的检验与校正

检验：在离墙面10～20米处安置经纬仪，整平仪器后，瞄准墙面高处

一点 P，制动照准部，然后大致放平望远镜，在墙面定出一点 A；再以盘右瞄准 P 点，放平望远镜，在墙面定出一点 B（见图5-4）。如果 A 点与 B 点重合，说明横轴垂直于纵轴；如果 A 点与 B 点不重合，则需要进行校正。设纵轴铅垂而横轴不水平，与水平线的交角称为横轴误差 i，对于DJ6经纬仪，i 角应不大于20″，i 角值可用下式计算：

$$i = \left(\frac{AB}{2PM} \right) \rho''$$

（公式5.1）

式中，M 为 AB 连线的中点，ρ''=206 265″。

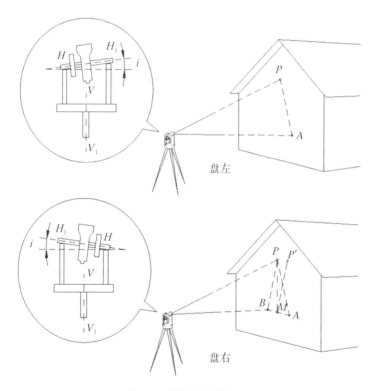

图5-4　横轴误差的检验

校正：取 AB 连线的中点 M，以盘左（或盘右）位置瞄准 M 点，放松垂直制动螺旋，抬高望远镜，此时视线必然偏离 P 点。抬高或降低横轴一端在支架上的轴承，使十字丝竖丝对准 P 点，即可校正横轴的位置。

（6）竖盘指标差的检验和校正

检验：对同一目标盘左、盘右观测垂直角，计算竖盘指标差x。如果x的绝对值大于30″，则需校正指标差。

校正：以盘右瞄准原目标，转动竖盘水准管微动螺旋，将原垂直度盘读数调整到指标差校正后的读数（原读数加或减指标差），拨动竖盘水准管校正螺丝，使气泡居中。

2. 经纬仪观测步骤

（1）安置脚架

先松开三脚架架腿上的螺旋，竖直提起脚架，使脚架大致与观测者同高，拧紧架腿上的螺旋；然后将三脚架架腿张开，将三脚架架设在测站点上，确保架头大致水平，同时把架头上的连接螺旋放在架头中央位置，从连接螺旋中空处往下看，检查地面的测站点是否位于中空处中央。如果偏移较大，则挪动三脚架。

（2）粗略对中

将仪器从箱子里拿出，放置在三脚架架头上，将连接螺旋对准仪器基座底孔并拧紧。在连接螺旋拧紧之前，手不得松开仪器。长按操作键盘上的左/右键3秒后，激光对中点亮起；操作者双手轻轻提起身边一侧的两条架腿并小幅度地前后左后缓慢移动，同时查看激光对中点与地面测站点的重合情况，尽可能使激光对中点与地面测站点重合，然后竖直放下架腿。

（3）粗略整平

伸缩与圆水准器最近的两条架腿，使圆水准器的气泡居中。首先伸缩一条架腿，使圆水准器的气泡位于一个方向上，然后伸缩气泡所在方向上的那条架腿，使圆水准器气泡居中。这一过程可能要反复多次，直到圆水准器的气泡居中为止。

（4）精确整平

运用左手大拇指法则（见图5-5），转动脚螺旋，使水准管气泡居中（可反复多次，直至居中）。一个测回观测过程中，不得再调气泡。整平误差小于1格。

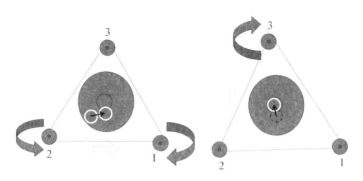

图5-5 左手大拇指法则

松开水平制动螺旋，旋转照准部，直到水准管气泡与任意两个脚螺旋的连线平行为止。两手同时转动脚螺旋1和2以调节气泡位置，使气泡居中。将照准部旋转90°，使水准管垂直于脚螺旋1和2的连线。转动脚螺旋3以调节气泡位置，使气泡居中。重复以上步骤，使气泡总是居中。将照准部旋转180°，如果水准管气泡仍然处在正中，说明仪器已经整平。如果气泡移到中心位置以外（偏差大于1格），则应调整水准管气泡。

（5）精确对中

精确整平后，检查仪器的对中情况。若激光对中点与地面测点的标志中心没有精确重合，则拧松脚架与仪器基座的连接螺旋（注意不得拧掉连接螺旋，要保证基座通过连接螺旋和脚架处于连接状态），然后沿直线方向推移仪器基座，使得激光对中点与地面测点的标志中心精确重合，最后拧紧三脚架架头的连接螺旋。在这个过程中，不得旋转仪器基座。此时检查水准管的气泡居中情况，若气泡发生偏移，可以重复精确整平和精确对中的过程，直至满足要求为止。

（6）测站核验

全部测回观测合格后，将左右角分别取中数，按下式计算圆周角闭合差 Δ ：

$$\Delta = [左角]_{中} + [右角]_{中} - 360°$$

根据国家等级导线左右角的圆周角闭合限差要求，如果圆周角闭合差 Δ 小于5″，则认为合乎限差要求，最后按下列公式计算平差后的左右角：

$$\beta_{左} = [左角]_{中} - \frac{1}{2}\Delta \qquad （公式5.2）$$
$$\beta_{右} = 360° - \beta_{左} \qquad （公式5.3）$$

（7）一测回观测步骤

如观测水平角∠AOB，假设角顶点为O，左边目标为A，右边目标为B。观测水平角∠AOB的方法如下：

① 安置仪器于O点，转动照准部，从盘左位置用十字丝中心照准目标A，先按R/L键，设置水平角为右旋（HR）测量方式，再按0set键，使目标A的水平度盘读数设置为0°00′00″，并将其作为水平角起算的零方向；顺时针转动照准部，用十字丝中心照准目标B，读取水平度盘读数，即为盘左的∠AOB的角值。

② 倒镜，从盘右位置用十字丝中心照准目标B，先按R/L键，设置水平角为左旋（HL）测量方式，再次按0set键，使目标B的水平度盘读数设置为0°00′00″；逆时针转动照准部，用十字丝中心照准目标A，读取水平度盘读数，即为盘右的∠AOB的角值。

③ 若盘左盘右的角值之差在误差容许范围内，则取其平均值作为∠AOB的角值。

3. 水准仪的检验与校正

（1）一般性检验

本次使用的仪器为DS3水准仪，安装好之后要检验三脚架是否牢固、制动和微动螺旋、微倾螺旋、对光螺旋、脚螺旋等是否有效，望远镜成像是否清晰，等等。

（2）圆水准器轴平行于仪器竖轴的检验与校正

检验：转动脚螺旋使圆水准器气泡居中，将仪器绕竖轴旋转180°后，若气泡仍居中，则说明圆水准器轴平行于仪器竖轴，否则需要校正。

校正：先稍拧松圆水准器底部中央的固定螺丝，再拨动圆水准器的校正螺丝，使气泡返回偏离量的$\frac{1}{2}$，然后转动脚螺旋使气泡居中（见图5-6）。如此反复检校，直到圆水准器在任何位置时气泡都在刻画圈内为止，最后旋紧固定螺丝。

（3）十字丝横丝垂直于仪器竖轴的检验与校正

检验：用圆水准器使纵轴垂直后，用十字丝横丝照准某一清晰目标点 P（见图5-7 a）。用微动螺旋左右转动望远镜，如果十字丝横丝一直不离开目标，则横丝水平，否则需要校正。

校正：旋下十字丝分划板护罩，用小螺丝刀松开十字丝分划板的固定螺丝，微微转动十字丝分划板，使转动水平微动螺旋时横丝不离开目标点 P。如此反复检

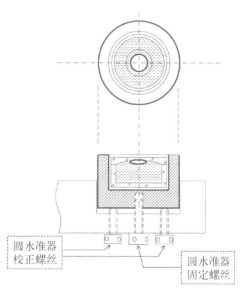

圆水准器校正螺丝

圆水准器固定螺丝

图5-6 圆水准器的校正

校，直至满足要求，最后旋紧固定螺丝，并旋上护罩。

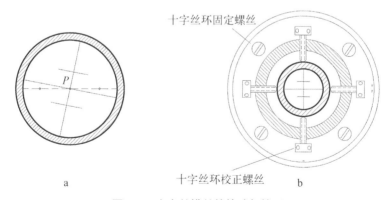

十字丝环固定螺丝

十字丝环校正螺丝

图5-7 十字丝横丝的检验与校正

（4）水准管轴与视准轴平行关系的检验与校正

检验：在相距60～80米稳定且通视良好的 A、B 两点上竖立水准尺，水准仪架于中点位置 I。精平仪器后，分别读取 A、B 点上水准尺的读数 a_1、b_1，精平两次并测量两点的高差作为标准值 h_1，把仪器移至距离 B 点2米处的位置

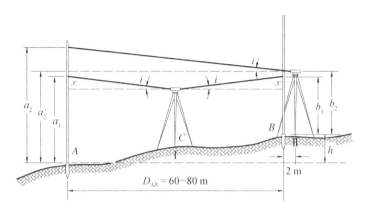

图5-8　水准管轴与视准轴平行关系的检验

II_0。精平仪器后，再次测得 A、B 两点之间高差 h_2。对于 DS3 水准仪，如果 h_2 与 h_1 的差值不大于 5 毫米，则可以认为水准管轴平行于视准轴，否则需要校正。

校正：重新旋转水准仪微倾螺旋，使视准轴对准 B 尺读数 b_2，这时水准管符合气泡影像错开，即水准管气泡不居中。用校正针先松开水准管左右校正螺丝，再拨动上下两个校正螺丝［先松上（下）面的螺丝，再紧下（上）面的螺丝］，直到符合气泡影像符合为止。此项工作可能需要重复几次，直到符合要求为止。

4. 水准仪观测步骤

（1）安置仪器

在测站安置三脚架，使其高度适中，架头大致水平。调整水准仪的三个脚螺旋使其大致等高，用连接螺旋将其安装在架头上。

（2）粗平

调节圆水准器使气泡居中，从而视准轴粗略水平。在整平过程中，气泡的移动方向与左手大拇指运动方向一致。

（3）瞄准

首先进行目镜对光，使十字丝清晰（因人而异）；然后进行物镜对光，使水准尺清晰，并消除视差。

（4）精平

调整微倾螺旋，使符合水准器的气泡两个半边影像符合，以使视准轴精密水平。

（5）读数

在视准轴精密水平时，用上中下丝在水准尺上读数。读数后，应立即查看符合水准器的气泡两个半边影像是否仍然符合。否则，应重新使气泡符合后再读数。读数时，先估读毫米数，然后报出全部读数。如读数为1.234米，习惯上只念"1234"而不读小数点，即以毫米为单位。

（6）换站方法

在已知高程的水准点上立水准标尺，作为后视尺；在路线的前进方向上的适当位置竖立水准标尺作为前视尺；把水准仪安置在到两水准尺间的距离大致相等的地方，仪器到水准尺的最大视距不超过100米，使圆水准器气泡居中。

照准后视尺并消除视差后，用微倾螺旋调节水准管气泡并使其精确居中，用中丝读取后视尺读数，并记入手簿；照准前视尺后使水准管气泡居中，用中丝读取前视尺读数，并记入手簿。

将仪器按前进方向迁至第二站，此时，第一站的前视尺不动，作为第二站的后视尺，第一站的后视尺移至前面适当位置作为第二站的前视尺，按第一站相同的观测程序进行第二站的测量。

沿水准路线的前进方向观测、记录，直至终点。

（7）测站检核

只能检核一个测站上误差不超限，不能保证全部测程上误差不会积累。测站误差有积累的可能，因此还必须对整个水准路线进行成果检核，主要技术指标见表5-1，以保证测量资料满足使用要求。

表5-1　城市水准测量主要技术指标

等　　级	每千米高差中误差（mm）	水准仪级别	测段往返测高差不符值（mm）	附合路线或环线闭合差（mm）
二等	±2	DS1	$\pm 4\sqrt{R}$	$\pm 4\sqrt{L}$
三等	±6	DS3	$\pm 12\sqrt{R}$	$\pm 12\sqrt{L}$

续 表

等 级	每千米高差中误差（mm）	水准仪级别	测段往返测高差不符值（mm）	附合路线或环线闭合差（mm）
四 等	± 10	DS3	$± 20\sqrt{R}$	$± 20\sqrt{L}$
图 根	± 20	DS3		$± 40\sqrt{L}$

注：表中 R 为测段长度，L 为往返测段、闭合水准路线长度（km），不足1 km 按1 km 计算。

水准测量结束后，应计算每千米水准测量高差全中误差，其绝对值不应超过15 mm。

$$M_w = \sqrt{\frac{1}{N}\left[\frac{WW}{L}\right]} \qquad （公式5.4）$$

上式中，M_w 为高差全中误差（mm）；W 为附合路线或环线闭合差（mm）；L 为计算 W 时相应的路线长度（km）；N 为附合路线和闭合环的总个数。

5.1.7 学生实习成果展示

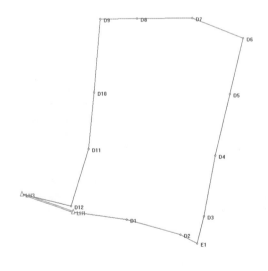

点名	X(m)	Y(m)
LH3	-19249.4442	-44704.7329
LH1	-19265.5085	-44657.2301
D1	-19272.3076	-44608.5058
D2	-19285.3844	-44560.7279
E1	-19293.1317	-44546.2080
D3	-19269.0491	-44540.0237
D4	-19215.4624	-44529.5726
D5	-19160.8725	-44516.2193
D6	-19111.6820	-44503.9781
D7	-19093.0012	-44550.7855
D8	-19093.2456	-44601.8640
D9	-19093.4091	-44636.5865
D10	-19158.1880	-44642.8844
D11	-19207.8065	-44648.2092
D12	-19257.9995	-44664.8748

图5-9 控制网缩略图及平差结果

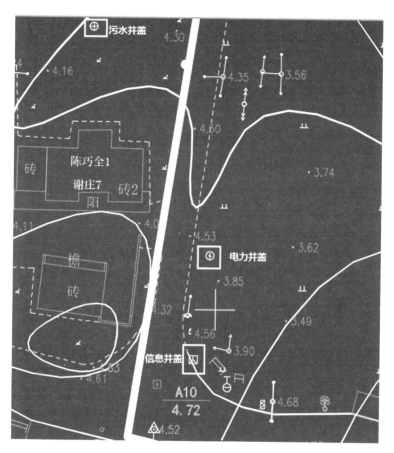

图5-10　地籍控制测量和地籍更新调查的部分成果展示

5.2　虚拟仿真测绘

5.2.1　实习目的

随着信息技术和大数据技术的发展，尤其是卫星定位和航测技术的进步，基础地理数据库更加完备，这也使得运用虚拟现实技术开展测量测绘实践成为可能。通过虚实结合的方式建立基于互联网的虚拟仿真实践平台，使现代测绘信息技术融入专业实习之中，能够进一步扩展专业实习的时间和空间，提升专业实习的质量和水平。本次实习以"使学生基础知识扎实、动手能力强、兴趣广泛、有创新意识"为目标，坚持以"理论与现实统一、基础与先进统一"为指导思想，拓展测绘专业野外实习开展的时间和空间，弥补野外实习期间由于天气、实习时长、突发事件等原因导致的实习无法顺利开展、效果不佳等情况，使学生能够有充足的实习时间，掌握与测量测绘实际操作相关的知识点和技能。

本次实习目标如下：

（1）帮助学生巩固课堂所学理论知识，培养学生理论联系实际的能力、动手能力、实事求是的科学态度、刻苦耐劳的工作作风和互相协作的团队精神。

（2）帮助学生正确认识和理解 RTK 定位技术，进一步熟练掌握 RTK 在工程上的放样过程。

（3）帮助学生正确认识和理解碎部测量原理，进一步熟练掌握全站仪的使用方法，具体包括高程测量、角度测量、距离测量等方法。

（4）帮助学生熟练掌握内业绘图的基本方法，使其具有绘制小区域大比例尺地形图的能力。

5.2.2　实习要求

（1）虚拟场景下 RTK+ 全站仪测量，测量内容至少需包括一条道路和一栋建筑，全站仪后视检验结果需单独截图。

（2）测量点导出至内业作图软件中，并完成内业绘图。

5.2.3　实习注意事项

（1）在 RTK 道路测量过程中，拐弯处尽可能多采集点，以便内业成图时能更好地对道路进行拟合。

（2）在使用全站仪进行碎部测量前，务必要先进行后视检查，确保精度误差在毫米级别，否则后续碎部点坐标误差会较大。

（3）不要盯着激光反射的地方看。在激光开关打开时（测距模式），不要在激光光路或棱镜旁边看，只能通过全站仪的望远镜观看照准棱镜。

（4）进行作业前应仔细且全面地检查仪器，确保仪器各项指标、功能、电源、初始设置和改正参数均符合要求时再进行作业。

5.2.4　实习软件介绍

1. 外业测量软件

数字测图仿真实验软件基于虚拟现实技术，为用户模拟实训操作而开发，是一款PC端上完全模拟仪器架设、控制采集、碎部采集、坐标数据输出的全过程虚拟测量软件。

数字测图仿真实验软件支持大环境场景自由测量调查，支持1：500地形图精度，具有逼真的测量主场景，包含城市道路、山区公路、道路附属物、城区建筑及其附属物、不同植被、不同地形区等多种类型的场景（见图5-11）。

图5-11　数字测图仿真测量场景

数字测图仿真实验软件中有虚拟测量设备（见图5-12），如RTK、手簿、全站仪、棱镜等。其中，虚拟全站仪设备与现实中的"NTS-500"系列相同，表面有喷漆的颗粒质感，圆形及条形水平尺有水泡晶莹剔透的质感，透镜有玻璃质感，支架有金属质感，旋钮等有塑料质感，仪器面板外观及其

图 5-12 数字测图仿真测量设备

上的文字美观真实。其主要部件有瞄准器、目镜、物镜、管水准器、圆水准器、电池、液晶显示屏、基座、螺旋。虚拟RTK设备的外形尺寸与现实中的"南方银河7"系列相同，并拥有高度逼真的外观。其外壳和支架有金属质感。RTK主要部件包括天线、七针接口、GPRS天线接口、防护圈及量取仪器高部位等。

2. 内业绘图软件

南方地理信息数据成图软件SouthMap（见图5-13）是基于AutoCAD和国产CAD平台，集数据采集、编辑、成图、质检等功能于一体的成图软件，主要用于大比例尺地形图绘制、三维测图、点云绘图、日常地籍测绘、工程土石方计算、职业教育等领域。该软件打造了全新的数据生产业务链条，覆盖数据输入、图形绘制、数据质检、数据输出和成果管理各环节，兼容多源数据输入，包含矢量数据、正射影像、三维模型和点云数据。其数据吞吐量可达到GB级、大影像数据和三维模型均可达到秒级加载、顺畅浏览；兼容南方智能全站仪采集的线路数据，自动绘图，一键输出成果报表；支持交点法、线元法和偏角法，适用于各种复杂的公路曲线设计。该软件已广泛应用于地形成图、地籍测量、工程测量、业务流程质检和三维测图等领域。

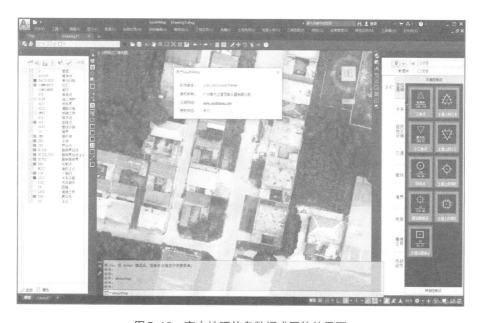

图5-13　南方地理信息数据成图软件界面

5.2.5 实习内容

（1）外业测量

外业测量包括两个阶段，即利用RTK进行控制点测量和用全站仪进行碎部点测量。

（2）内业绘图

利用SouthMap软件进行内业绘图。

5.2.6 实习操作流程

1. 外业测量

（1）控制点测量

确定测区范围和测量内容。根据实际测量需要添加K1、K2、K3三个控制点（见图5-14）。

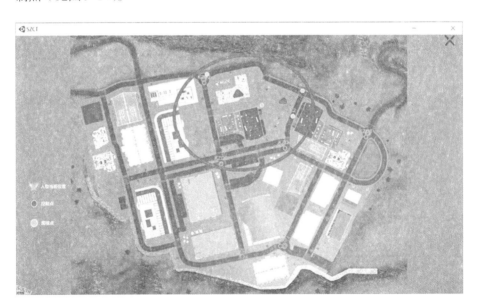

图5-14　测区范围与控制点

打开手簿，新建工程（见图5-15）。用鼠标点击实训场景右上角背包图标或者按快捷键"Tab"，打开背包模块，再点击背包列表里的基准站、移

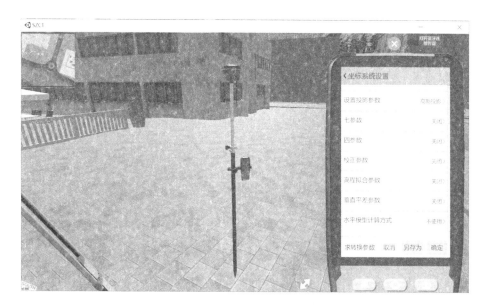

图5-15　新建工程

动站图标，拿出RTK基准站、移动站并放置于实训场景中任一水平位置处。通过RTK基准站的架设，实现对卫星导航信号的长期连续观测，并由通信设施将观测数据实时或定时传送至数据中心。通过RTK基准站信息和RTK移动站本身收到的卫星信号实现控制点的精确定位。

完成基准站和移动站的开机。根据仪器编号完成基准站和移动站的连接与相应设置（移动站和基准站的数据链均设置为"内置电台"）（见图5-16）。

基准站和移动站连接完成后，手簿上会显示"固定解"。"固定解"表示模糊度由浮点数成功固定为整数，固定后的误差只有1～2厘米；若模糊度没有解算出来，手簿上会显示"浮动"，此时误差较大，一般会有几分米；若没有接收到差分信息，此时移动站只能做单点定位，手簿上会显示"单点定位"，此时误差会很大，一般会有几米（见图5-17）。

在地图中的控制点KZD2、KZD4、KZD5依次进行"点测量"，并分别保存点名为G2、G4、G5；利用快捷键"～"将已知控制点信息"一键导入"到手簿中（见图5-18）。

先点击"输入"和"求转换参数"，再依次添加已测得的三组平面坐标

图5-16　基准站和移动站的开机与设置

图5-17　连接完成

点与大地坐标点，然后点击"计算"得到转换参数，最后点击"应用"（见图5-19）。

图5-18　添加控制点信息

图5-19　求转换参数

使用"控制点测量"测量自行添加的四个控制点K1、K2、K3、K4的坐标（见图5-20）。

使用"点测量"完成地物（道路、垃圾桶、电线杆、红绿灯、消防栓、椅子、道路指示牌等）的点位测量（见图5-21），然后将测量得到的点数据导出（.dat格式）。

图 5-20　控制点测量

图 5-21　点测量

（2）全站仪测量

架设全站仪，将全站仪旋转至侧面并开机（见图 5-22）。

图 5-22 架设全站仪

打开"激光十字下对点",将视野向下调整,旋开底座下部的螺旋,调整机身位置,完成"激光对中"(见图 5-23),最后将底座下部的螺旋旋紧。

图 5-23 激光对中

旋开全站仪三脚架架腿上的螺旋，进行调整以完成全站仪的粗平，即圆水准器中的气泡居中（见图5-24）；调整细准焦螺旋并结合全站仪机身的旋转完成精平，即管水准器中的气泡居中。

图5-24　全站仪的粗平

在背包模块中选择物品栏里的支架棱镜并进行架设，此时，棱镜需架设在当前用户已布设好的其中一个控制点测钉上。棱镜作为反射器反射全站仪发出的光信号，全站仪接收从棱镜反射回来的光信号后，间接求得光通过的时间，从而测出全站仪与反射棱镜之间的距离，而后将棱镜对准全站仪，并量取全站仪的仪器高（见图5-25）。

点击快捷键"F3"，进入棱镜操作页面，点击快捷键"E"可一键对准全站仪，然后将全站仪对准棱镜；调整全站仪的物镜旋钮，使得十字丝重合，视野清晰（见图5-26）。

点击快捷键"V"进入全站仪操作面板，在全站仪操作面板上依次点击"项目"→"导入"→"继续"→"返回"，即可将RTK测量完成的点导入全站仪中，并进行"已知点建站"（见图5-27）。

图5-25　量取仪器高

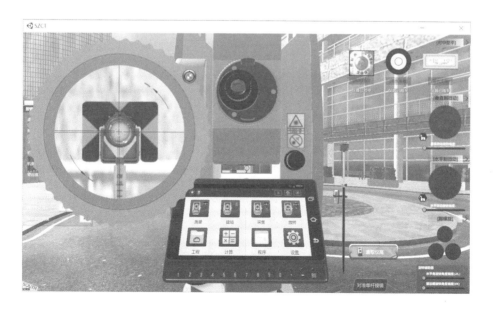

图5-26　将全站仪对准棱镜

图 5-27　已知点建站

进行后视检查，检查当前的后视点坐标测量值与已有值是否一致，若坐标误差控制在毫米级，则符合测量标准（见图 5-28）。

图 5-28　后视检查

设置"合作目标"为"无合作"测点，然后将测量结果导出（见图5-29）。

图5-29　测量结果导出

2. 内业绘图

依次点击"绘图处理"和"展野外测点点号"，完成展点（见图5-30）。

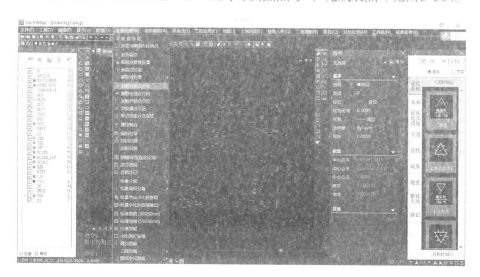

图5-30　展点

点击"埋石图根点",绘制控制点（见图5-31）。

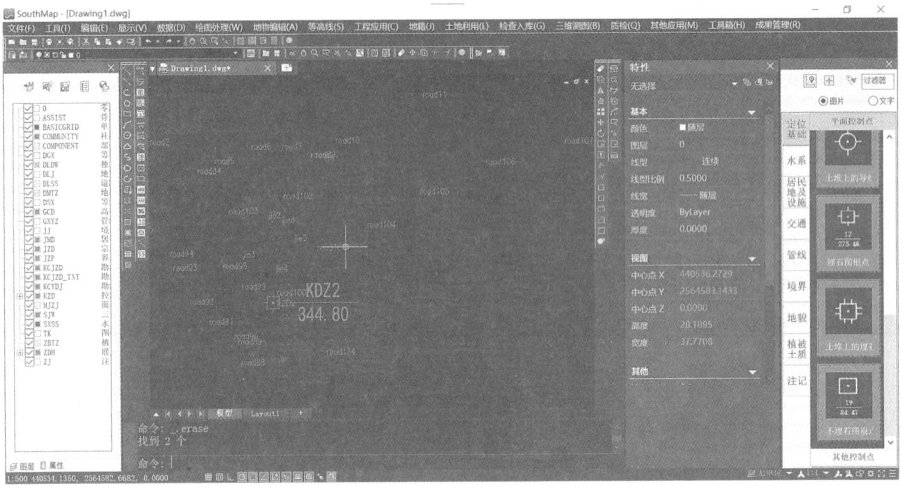

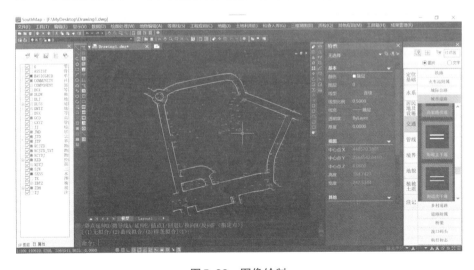

图5-31　绘制控制点

点击"卫星定位点"，完成加设控制点的绘制。

选择"街道主干道""内部道路""地类界""多点砼房屋""四点砼房屋""消火栓""不依比例垃圾站台""路标（指示牌）""人行横道信号灯""不依比例岗亭"等，完成图像绘制（见图5-32）。

图5-32　图像绘制

依据地物特性，选择相应的"注记类型"并添加相应文字，如砖、沥等，完成注记内容的添加（见图5-33）。

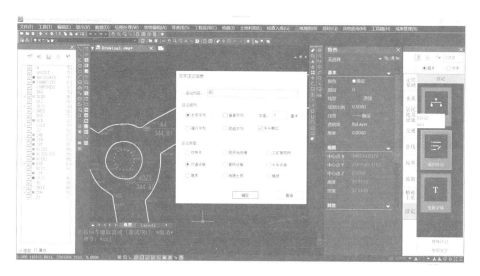

图5-33　注记内容的添加

最终结果如图5-34所示：

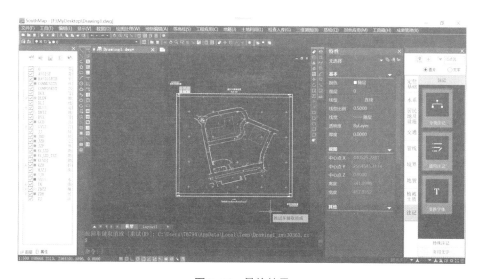

图5-34　最终结果

5.2.7 学生实习成果展示

（1）外业测量结果展示

表 5-2 外业测量点坐标采集

点　　名	X	Y	高　　程
KZD1	440 764.450	2 564 500.000	343.998
q1	440 576.198	2 564 341.404	354.036
r1	440 594.263	2 564 327.324	343.619
s1	440 579.096	2 564 336.497	343.618
l1	440 591.633	2 564 326.331	343.613
x1	440 589.964	2 564 336.579	343.626
w1	440 575.893	2 564 318.056	343.684

KZD—控制点　q—全站仪采集的房屋点　r—道路　s—路牌　l—路灯　x—消火栓　w—树木

（2）内业绘图结果展示

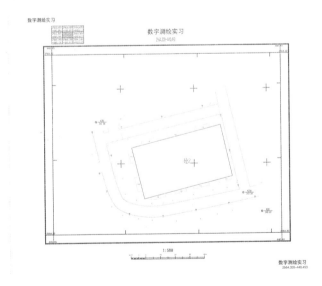

图 5-35 虚拟仿真测绘成果展示

第六章

▽

全球卫星导航系统实习

6.1 数字人文景区专题制图

6.1.1 实习目的

专题地图是空间可视化最直接有效的载体，可以将地理信息系统中的专题数据快速符号化和可视化。基于专题地图，能进一步挖掘专题空间对象的分布格局及空间演化趋势，给人们快速获取地理知识与信息提供了直观而科学的方式。人文景区是人类创造的具有文化价值和艺术欣赏价值的景观区域。景区内的优秀历史建筑等人文景观具有悠久的历史传统和深厚的文化底蕴，历史文化价值高。人文景区专题地图有助于人们快速了解人文景区的整体情况，以及优秀历史建筑等的空间分布和基本风貌。制作人文景区专题地图既要注重地图的观赏性，也要注重地图制图的科学性和专业性，目前，数字化制图已经成为人文景区专题制图的趋势。本次实习以上海市青浦区金泽古镇这一典型的人文景区为例，介绍数字人文景区专题制图实习内容。本次实习的主要目的有：

（1）帮助学生掌握外业与内业相结合的数字人文景区专题制图方法。

（2）帮助学生掌握地理信息系统专题制图流程。

（3）培养学生的地图审美能力和将专题空间信息用专题地图形式清晰表达的能力；同时，锻炼学生解决实际问题的能力，为今后从事相关工作打下良好基础。

（4）通过自定义符号系统的学习，提高学生的地图设计能力和创新实践意识。

6.1.2 实习要求

为使专题地图符合科学性和专业性的标准，要求其基本要素主要包含：

（1）图名：用于清晰、简要地表达地图的主题信息。

（2）图例和注记：对地图上的颜色、符号等进行解释说明。

（3）比例尺：用于表达图上距离与实际距离的比例。

（4）指北针：用于指示地图的方向。

（5）学生合作完成本次实习工作，最终提交的成果为：金泽古镇数字人文景区专题地图，导出的地图分辨率为300DPI，存储为.tif格式。

6.1.3 实习注意事项

在进行基础数据采集时，应该保证基础数据具有相同的坐标系统，推荐采用CGCS2000坐标系统。

在进行古建筑和古桥数据采集时，先使用景区导览图、手机地图等资料获得目标的大致空间位置，规划实地调研路线；然后开展实地调研，进行精确数据采集，需要确保采集到的空间位置、名称和描述信息尽可能准确、详尽。

6.1.4 实习仪器及软件介绍

1. 手机 GNSS App

实习时，采用可以安装在手机端的GNSS App进行外业数据的采集工作，采集景区内的优秀历史建筑等人文景点数据信息。这里以某款GNSS App软件（见图6-1）为例，介绍外业数据采集的操作流程。

（1）软件设置。打开GNSS App软件，先点击主页右下角图标"我的"；再依次点击"设置""系统设置"，选择"系统设置"中的"经纬度数据精度"，将小数点后的位数设置为8；最后点击"坐标系"，选择其中的"WGS84经纬度"，即完成设置（见图6-2）。

图6-1　GNSS App主界面及设置页面

图6-2　GNSS App软件基本设置

（2）数据采集。在主页面点击"标记位置"，在编辑标记名称、存储位置、标记样式等步骤后，点击"拍照"可以拍摄当前采集的优秀历史建筑等人文景点的照片。点击"更多"可以展开更多备注，通过"添加备注"添加多个备注信息（见图6-3、图6-4）。

图6-3　GNSS App 软件采集界面

图6-4　利用GPS工具箱软件采集的照片

（3）数据导出。在采集完景区内所有的优秀历史建筑等人文景点的点位后，从首页向右滑动，会出现本地存储页面（见图6-5）。

勾选刚刚完成的任务，点击左下角的"导出"，选择导出文件格式。导出文件存放位置："文件管理"→"本地储存"→"GPSToolBox"。

点击数据导出界面中的"更多"选项，可修改选中点位的标记（见图6-6）。

将导出的点位数据进行整理，整理内容为点位名称、纬度、经度以及照片位置链接（见图6-7）。

图6-5　GNSS App软件的数据导　图6-6　GNSS App软件的数据
　　　　出界面　　　　　　　　　　　导出界面修改标记

109

name	lat	lon	位置
寺前桥	31.03559	120.9126	D:\数字人文景区专题图\金泽古镇点位\寺前桥.jpg
颐浩禅寺	31.03545	120.9127	D:\数字人文景区专题图\金泽古镇点位\颐浩禅寺.jpg
大雄宝殿	31.03788	120.9164	D:\数字人文景区专题图\金泽古镇点位\大雄宝殿.jpg
万安桥	31.16549	121.4125	D:\数字人文景区专题图\金泽古镇点位\万安桥.jpg
二王庙	31.16546	121.4126	D:\数字人文景区专题图\金泽古镇点位\二王庙.jpg
林老桥	31.16545	121.4126	D:\数字人文景区专题图\金泽古镇点位\林老桥.jpg
天皇阁桥	31.1654	121.4126	D:\数字人文景区专题图\金泽古镇点位\天皇阁桥.jpg
普庆桥	31.16538	121.4127	D:\数字人文景区专题图\金泽古镇点位\普庆桥.jpg
陈家仓库	31.03651	120.9159	D:\数字人文景区专题图\金泽古镇点位\陈家仓库.jpg
普济桥	31.03628	120.9163	D:\数字人文景区专题图\金泽古镇点位\普济桥.jpg
总管庙	31.03562	120.9175	D:\数字人文景区专题图\金泽古镇点位\总管庙.jpg
放生桥	31.03548	120.9176	D:\数字人文景区专题图\金泽古镇点位\放生桥.jpg

图6-7 整理好的点位属性表

2. ArcGIS Pro

本次实习使用ArcGIS Pro3.0软件进行人文景区基础数据采集和专题地图制作，软件界面如图6-8和图6-9所示。ArcGIS Pro不仅具有传统GIS软件的数据管理、制图、空间分析等能力，还具有二三维融合、大数据、矢量切片制作及发布、任务工作流、超强制图、时空立方体等功能，并且集成ArcMap、ArcScene和ArcGlobe，实现了二三维一体化。

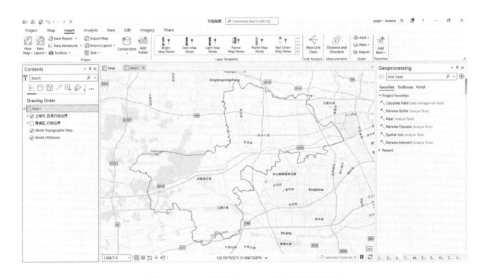

图6-8 ArcGIS Pro 3.0软件地图界面

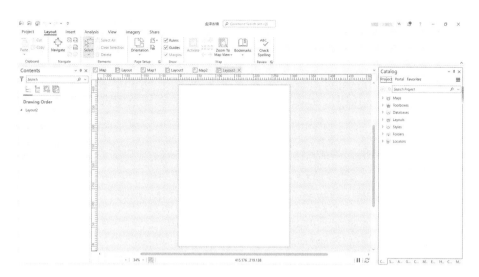

图6-9　ArcGIS Pro 3.0软件制图界面

6.1.5　实习内容

本次实习通过GNSS App进行实习区域专题要素的采集，利用遥感影像进行基础数据解译，通过自定义符号设计景区专题地图的要素符号，并在ArcGIS Pro页面视图界面进行数字人文景区专题地图制作，最后将制作好的专题地图导出为通用图像格式。本次实习的具体内容包括：

（1）通过GNSS App和遥感影像解译方式采集数字人文景区基础信息。

（2）数字人文景区专题地图要素符号化设计。

（3）ArcGIS Pro数字人文景区专题地图制作。

（4）数字人文景区专题地图导出。

6.1.6　实习操作流程

1. 专题制图的空间数据

空间数据是专题制图的基础，金泽古镇数字人文景区专题地图制作所需空间数据包括以下五个部分：

（1）金泽古镇范围数据：面要素，通过金泽古镇四至范围矢量化获取，表示金泽古镇的空间范围。

（2）建筑数据：面要素，通过金泽古镇影像图矢量化获得，表示金泽古镇内的建筑轮廓。

（3）土地利用数据：面要素，按照制图需要，通过金泽古镇影像图解译获得，用来区分金泽古镇内的居民区、工业区、绿地、道路及河流要素。

（4）古桥数据：点要素，通过外业采集获得，包括古桥的经纬度坐标、名称、现场照片，是金泽古镇专题制图的专题要素。

（5）景点数据：点要素，通过外业采集获得，包括景点的经纬度坐标、名称、现场照片，是金泽古镇专题制图的专题要素。

2. 专题制图准备

在专题制图之前需要先建立制图工程，ArcGIS Pro在创建工程时会同时创建 GDB 数据库及工程文件夹，便于专题制图管理。加载好提前下载的遥感影像底图或者软件自带的影像地图用于获取基础数据。

（1）建立专题制图工程。打开 ArcGIS Pro，选择"New Project"中的"Map"，在弹出的"Create a New Project"对话框中输入工程名称，设置工程位置，点击"OK"完成设置后，工程所在位置中生成相关文件（见图6-10）。若关闭工程，可通过工程文件夹中的 .aprx 文件重新打开工程。

图6-10　新建工程

（2）加载遥感影像底图。遥感影像底图可以作为基础数据采集时的参考依据，有多种来源渠道。以 ArcGIS Pro 自带的天地图影像为例，可在 ArcGIS Pro "Map" 选项卡下的 "Basemap" 工具中选择 "天地图" → "影像（CGCS2000）" 进行加载，也可以通过菜单栏 "Map" 选项卡中的 "Add Data" 工具添加已有的影像数据。

3. 矢量要素创建

在进行金泽古镇数字人文景区专题制图时，需要创建相关矢量要素文件。本部分主要介绍两方面内容：一是将古桥、景点 csv 数据转为对应的矢量数据，并创建图片链接；二是金泽古镇范围、建筑轮廓和土地利用数据创建。

（1）csv 数据转为矢量数据。下面以 GNSS App 采集的金泽古镇古桥、景点数据导出的 txt/csv 文件为例，介绍如何在 ArcGIS Pro 中进行展点，生成古桥、景点的矢量数据文件。具体步骤如下：① 通过菜单栏 "Map" 选项卡中的 "Add Data" 工具将整理好的古桥、景点的 csv 或者 txt 文件加载到工程中。② 在工程中的该文件上点击右键，选择 "Display XY Data"，会弹出 "Display XY Data" 对话框，设置要素输出位置，选择点位的经度、纬度、高程所对应的字段，选择点位的坐标系统。GNSS App 采集数据的坐标为 WGS84，因此应选择 "GCS_WGS_1984"，点击 "OK" 之后生成点位矢量文件，并自动加载（见图 6-11）。③ 在上一步生成的点位矢量图层上点击右键，选择 "Attribute Table" 并查看点位矢量文件的属性表。④ 在属性表中添加 "位置" 字段，录入所有点位对应照片存储的位置（若原始 csv 文件中已有存储照片位置的字段则忽略此步骤）；使用 "Map" 选项卡中的 "Explore" 工具，点击某个点位会弹出 "Pop-up" 对话框，该对话框中显示的内容为所点击点位的属性信息，点击 "Pop-up" 对话框中的图片位置链接，可查看点位对应的图片（见图 6-12）。

（2）新建矢量要素文件。在金泽古镇数字人文景区专题制图案例中需要新建的矢量数据包括：金泽古镇范围、建筑轮廓和土地利用数据。在软件中依次点击 "Catalog" "Folders" "专题制图" "专题制图.gdb"，并在 "专题制图.gdb" 上点击右键，选择 "New" 里面的 "Feature Class"（见图 6-13）。

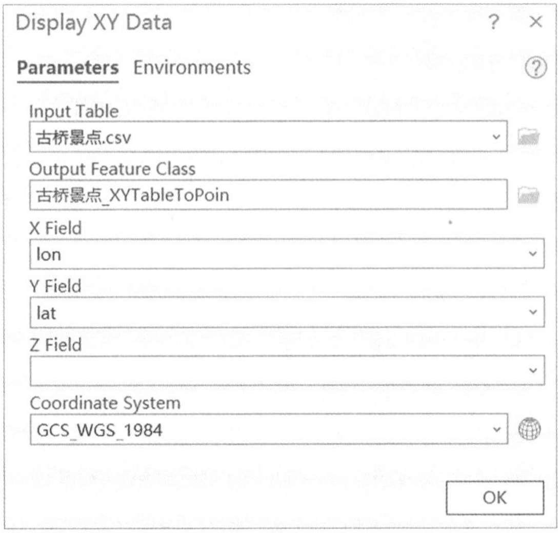

图 6-11 根据 XY 坐标生成点

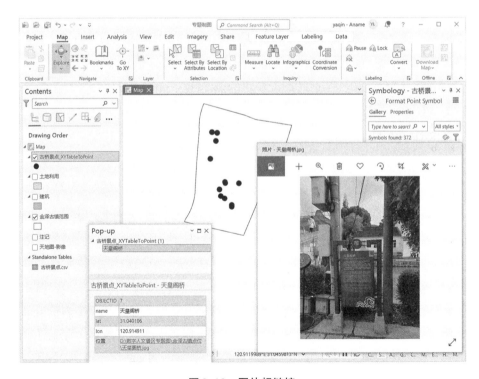

图 6-12 图片超链接

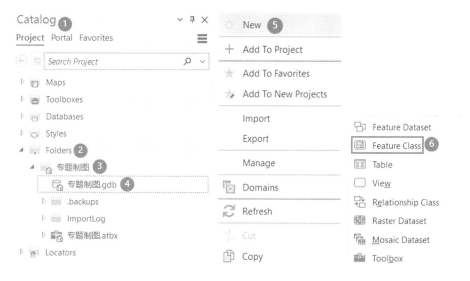

图6-13　新建矢量要素（1）

在弹出的"Create Feature Class"对话框中根据页面引导进行设置（见图6-14）。① 在基础定义页面"Define"中输入要素名称，选择要素类型；金泽古镇范围、建筑轮廓和土地利用数据使用面要素表达。② 在字段页面"Fields"中添加字段，输入字段名称，选择字段类型，设置字段属性；土地利用图层中需要添加一个"类型"字段，用于区分各类用地。③ 在空间参考页面"Spatial Reference"上选择"Layers"下的"天地图-影像"，可使矢量数据的空间参考与底图一致，均为CGCS2000。④ 容差（Tolerance）、分辨率（Resolution）以及存储配置（Storage Configuration）保持默认设置，点击"Finish"完成创建后，系统会自动将创建的矢量文件加载至工程中。

4. 矢量数据编辑

矢量数据中包含空间数据和属性数据两种数据。空间数据即矢量数据的可视化部分，包含其地理位置、分布、形状等空间属性，在ArcGIS Pro中可通过"Edit"→"Create Features"编辑空间图形信息。属性数据即非空间数据，是指与地理实体相关联的其他信息，在ArcGIS中存储于对应图层的属性表中，ArcGIS Pro中可在"Edit"→"Attributes"下直接编辑属性信息。本部分通过金泽古镇案例介绍矢量数据的空间编辑和属性编辑。

图6-14 新建矢量要素（2）

（1）空间图形编辑：以面要素编辑为例，具体操作如下：为方便编辑，将面要素图层设置为非填充显示，即点击图层符号，在弹出的"Symbology"对话框中符号列表（Gallery）下选择黑框符号（Black Outline），切换至符号属性页面（Properties）更改填充色（Color）、轮廓颜色（Outline Color）、轮廓线宽（Outline width）等。更多自定义符号操作将在专题制图部分详细介绍。

点击"Edit"选项卡下的"Create"图标，工程右侧会弹出"Create Features"页面，点击该页面下的"金泽古镇范围"要素，出现构造工具，选择多边形工具 ⬢，进行图形绘制（见图6-15）。绘制完成后，点击"Edit"选项卡下的"Save"图标进行保存（见图6-16）。

（2）属性信息编辑：在要素图层上点击右键，选择"Attribute Table"，打开要素属性表，在属性表相应的字段中录入属性信息；或者点击"Edit"→"Attribute"打开属性编辑窗口，在相应的字段中录入属性信息。

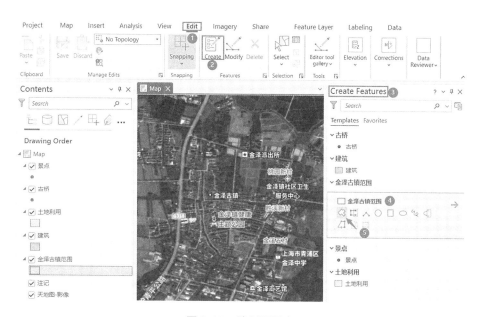

图6-15　绘制面要素

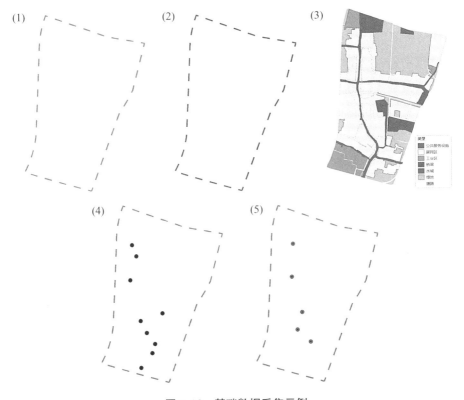

图6-16　基础数据采集示例

5.要素符号化设计

地图可以生动形象地表达各类地理要素的特征。以金泽古镇数字人文景区专题制图为例，在ArcGIS Pro中可以通过地图符号来进行地物要素（各个图层）大小、颜色、形状、轮廓的设置，具体设置过程如下：

（1）优秀历史建筑（古桥）和景点的自定义符号化。ArcGIS Pro自带的点符号通常无法满足景区专题地图设计的需要。我们可以通过自主设计或者参考网络上提供的符号的样式设计自定义符号以满足个性化地图设计的需要。这里以自主设计的符号图标为例，设计的古桥及景点的png格式图标如图6-17所示。

图6-17　古桥及景点图标

　　点击工程左侧内容列表（Contents）中古桥图层的符号，在右侧弹出的"Symbology"对话框中点击"Properties"，打开符号属性设置页面，点击"Layers"图标 ⬙，选择从文件（File）导入矢量图标，选择下载好的svg格式图标（见图6-18）；导入矢量图标后，可进一步修改图标的颜色、大小等外观属性，位置、旋转角度、偏移距离等放置属性。其他景点采用相同的操作方法来设置其符号（见图6-19）。

图6-18　在符号设置界面中导入古桥及景点矢量图标

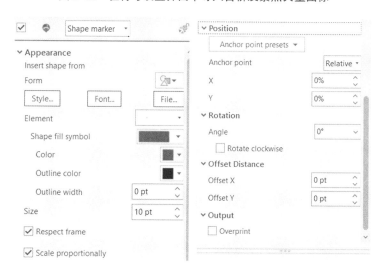

图6-19　符号设置选项

（2）建筑轮廓及土地利用数据符号化。建筑轮廓作为辅助图层，可设置为浅灰色，并设置90%的透明度来显示。首先，点击工程左侧内容列表（Contents）中建筑图层的符号，在右侧弹出的"Symbology"对话框中点击"Gallery"，选择"Grey 10%"符号；然后，点击菜单栏中的"Feature Layer"，进入要素属性设置选项卡，通过调整该选项卡的效果"Effects"中的透明度"Transparency"参数控制图层显示效果（见图6-20）。

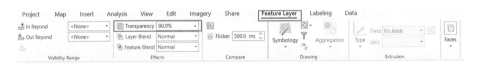

图6-20　Feature Layer选项卡

土地利用数据包含道路、河流、绿地等不同类型的要素数据，需要进行分层设色。点击工程左侧内容列表（Contents）中的土地利用图层，在右侧弹出的"Symbology"对话框中的"Primary Symbology"下选择"Unique Values"；字段选择"类型"；在"Color scheme"中选择基础色带，再根据需要对个别类型进行调整（见图6-21）。

例如对公共服务设施的矢量符号进行调整，若仅调整颜色，则在符号上点击右键，会弹出颜色选择器，其中提供有标准颜色。如果该功能无法满足制图需要，可以通过

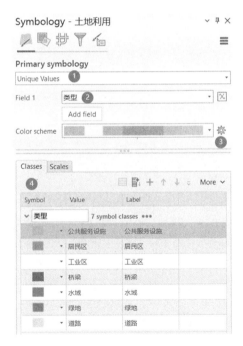

图6-21　按唯一值分层设色

点击右键菜单中的"Color properties"，在弹出的"Color Editor"窗口中自定义颜色（见图6-22），也可以使用"Eyedropper"工具在活动窗口拾取颜色。若

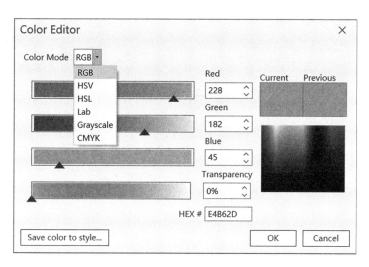

图6-22　自定义颜色

需调整符号样式，先用鼠标左键点击公共服务设施的符号，进入符号的属性设置窗口；然后在属性设置窗口的"symbol" ✐ 页面下设置符号的填充色、轮廓颜色、轮廓线宽属性。对矢量符号也可以做更高级的设置，一个矢量符号可以由不同图形图层组成。在符号化设置的"layers" ◈ 页面中，可以对该符号中所有图形图层的样式进行修改；在"structure" ⚲ 页面下则可以管理符号中的图形图层，比如添加和删除图形图层、更改图形图层的显示效果等。

6.景区专题地图版面设计

一幅完整的地图需要包含地图的各类图边元素，符合地图规范。本部分主要介绍金泽古镇数字人文景区专题地图版面设计，具体步骤如下：

（1）新建布局视图：点击菜单栏中的"Insert"→"New Layout"，按需选择页面大小，新建一个布局视图页面（见图6-23）。

（2）页面设置：在布局视图空白处右击，选择"Properties"（见图6-24），打开页面属性窗口，修改页面大小"Page size"为A3，页面方向"Orientation"为竖向"Portrait"（见图6-25）。

（3）插入地图：点击"Insert"→"Map Frame"，在下拉菜单中选择工程中已有的地图数据框（见图6-26），此时鼠标光标变为十字，按住鼠标左

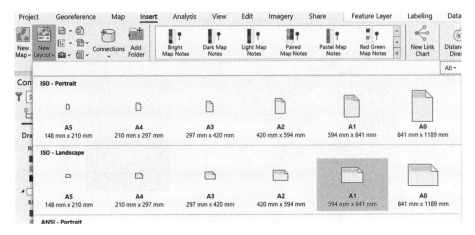

图6-23　新建布局视图

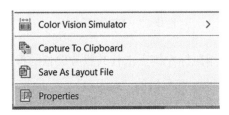

图6-24　页面属性

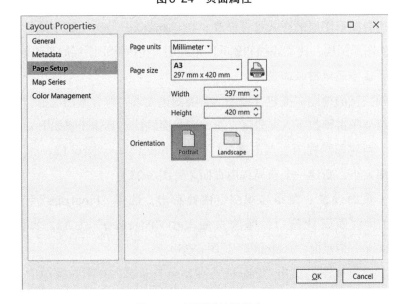

图6-25　页面属性设置窗口

键在页面中拉出一个矩形框作为地图数据框的放置位置。在地图数据框上右击，选择"Properties"进入"Element"设置页面，选择"Element"页面下的"Display" 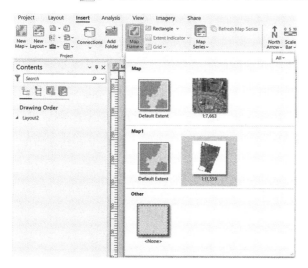，将"Border"的颜色设置为"No Color"；选择"Element"页面下的"Placement" ，调整地图数据框的大小和放置位置（见图6-27）。

图6-26　选择地图数据框

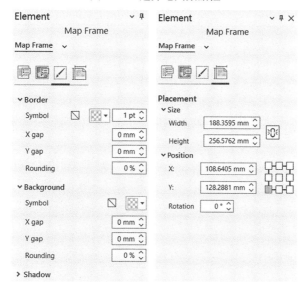

图6-27　地图数据框属性调整

（4）插入图例：点击"Insert"→"Map Surrounds"→"Legend"，在下拉菜单中选择图例样式。此时鼠标光标变为十字，在页面上点击图例插入位置，插入图例。同时，工程右侧弹出图例元素"Element"设置页面，该页面包含4个子页面，分别为"Options""Arrangement""Display"和"Placement"。在"Options"子页面的"Title"中修改图例名称；在"Arrangement"子页面中调整图例适应策略及间隔等（见图6-28）。

当无法通过图例元素调整得到所需的效果时，可先将图例转换为图形再进行调整。在图例上右击，选择"Convert To Graphics"将图例转换为图形，并再次右击选择"Ungroup"将图例打散，逐个调整图例后再选中所有图形内容，右击选择"Group"以组合所有图形，最终得到处理后的图例。

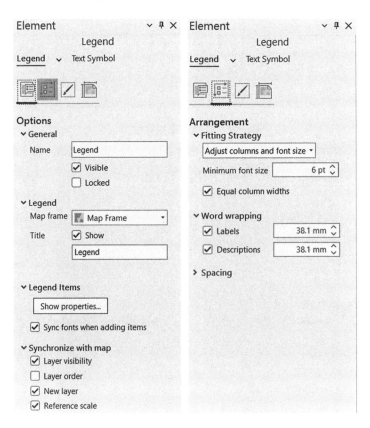

图6-28　图例元素属性调整

（5）插入比例尺：点击"Insert"→"Scale Bar"，会弹出下拉菜单，可选择合适的比例尺样式（见图6-29）。此时鼠标光标变为十字，左键单击鼠标选择放置比例尺的位置，窗口右侧会弹出比例尺元素属性设置页面，该页面包含4个子页面，分别为"Options""Properties""Display"和"Placement"。由于金泽古镇空间范围较小，可在"Options"页面下将地图单位"Map Units"更改为"Meters"，将比例尺单位标准"Label Text"修改为"米"；在"Properties"页面下将适应策略"Fitting Strategy"修改为"Adjust width"，将"Division Value"设置为500，将"Divisions"设置为"1"，将"Subdivisions"设置为"2"（见图6-30）；在"Display"页面下将比例尺的背景设置为白色。

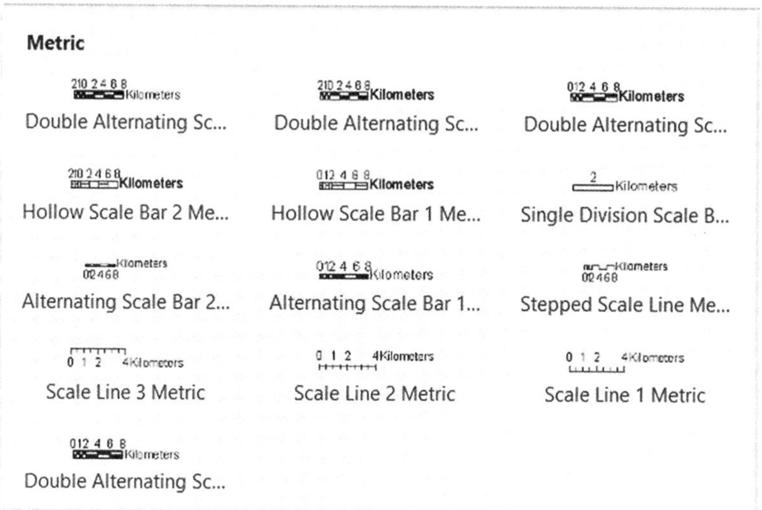

图6-29　比例尺样式

（6）插入指北针：点击"Insert"→"North Arrow"，在下拉菜单中选择指北针样式。此时鼠标光标变为十字，在页面合适位置左键单击鼠标以放置指北针，然后调整指北针大小。点击指北针，右侧弹出指北针元素设置页面"Element"，该页面包含3个子页面，分别为"Options""Display"和"Placement"，可进一步调整指北针的显示效果（见图6-31）。

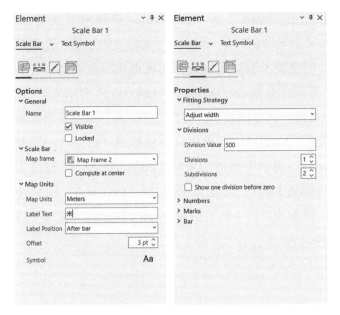

图6-30　比例尺设置

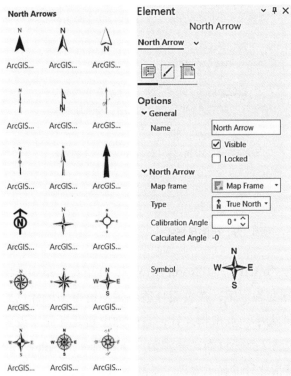

图6-31　指北针选择及其元素属性调整

（7）插入地图标题：点击"Insert"→"Graphics and Text"→ A（见图6-32），此时鼠标光标变为十字，在放置标题的位置左击插入标题，输入标题内容，双击标题后进入文本元素属性设置页面，可对文字大小、字体等进行调整。

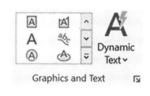

图6-32　插入标题

（8）插入注记：本次实习，古桥、景点及道路的名称信息存放在对应图层的属性表内，可将其以注记的形式显示在地图上。在左侧内容列表点击需要插入注记的要素图层，菜单栏会出现"Labeling"选项，点击"Labeling"→"Layer"→"Label"并添加标注；在"Label Class"→"Field"中选择要标注的字段名；在"Text Symbol"中设置标注样式、字体和大小等（见图6-33）。

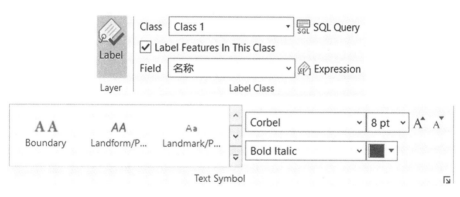

图6-33　"Labeling"选项卡

更多关于标注的高级设置可在要素图层的"Labeling Properties"中进行设置。在要素图层上点击右键，选择"Labeling Properties"以进入标注高级设置页面（见图6-34）。

图6-34　要素右键菜单中关于标注的功能项

127

（9）导出专题地图：点击"Share"→"Export Layout"，弹出地图导出属性设置窗口，设置专题地图输出格式、名称、分辨率等信息后点击"Export"完成专题地图导出（见图6-35）。

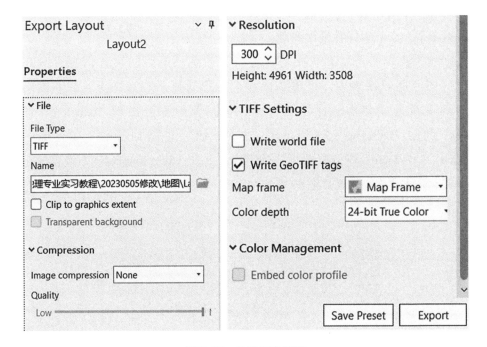

图6-35　地图导出设置

6.1.7　学生实习成果展示

学生在本次实习过程中制作了金泽古镇数字人文专题地图，图6-36至图6-38为实习成果示例。

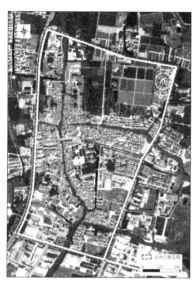

图6-36 金泽古镇数字人文专题地图（1）

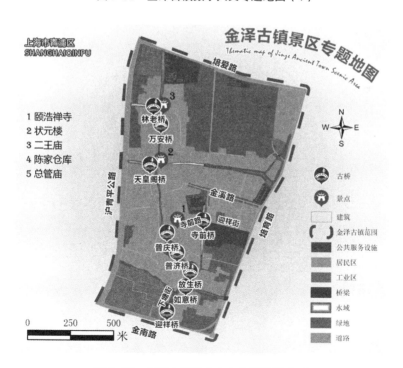

图6-37 金泽古镇数字人文专题地图（2）

金泽古镇景区专题地图JINZE

颐浩禅寺(Yihao zen temple)

2002年8月，在新建的颐浩禅寺殿宇东侧清理地基的过程中发现了十二个按中国传统建筑布局分布的直径达一米的青石柱基，据考证，此遗址为金泽颐浩禅寺观音殿建筑遗址。据史料记载，颐浩禅寺观音殿建造于宋元时期，坐东朝西，为二层观殿式建筑，占地面积近400平方米，殿中央有八米高四米见方的佛龛一座，内设泥塑金身“观音大士”坐像，殿内还存放篆刻“观音大士”碑，铜铁混铸“洪钟”及木刻楹帖、匾额等物品。

颐浩禅寺偏殿“有衮楼”前两株银杏树，明泰昌元年（1620年）植，距今近400年，树高20米，胸围2.5米。两株树龄、形状相同，宛如一对孪生兄弟。据传，明朝末年，有僧人继承奔聂卜尔纳的遗愿，用古银杏母亲树生下的两颗白果，种在颐浩禅寺偏殿“有衮楼”前。

In August 2002, twelve stone pillars with a diameter of one meter were found on the eastern side of the newly built Yihao zen temple. According to textual research, this historic site is the Guanyin temple building historic site of Yihao temple in Jinze. According to historical records, the Guanyin hall of Yihao zen temple was built in the Song and Yuan dynasties. It is sitting east and headed west and is a two-story hall style building, covering an area of nearly 400 square meters. In the center of the temple, there is a shrine which is about 8 meters high and 4 meters square. It is the clay sculpture "Guanyin master" sitting statue for its inside. The "Guanyin" tablet, copper and iron mixed cast "hongzhong", and wood carved posts, inscribed horizontal tablets are also stored in the hall.

Two ginkgo trees which were standing in front of the Yougun tower, the side hall of the Yihao zen temple,was planted in the first year of Taichang (1620) in the Ming Dynasty. The tree is 20 meters high and its chest circumference is 2.5 meters. The two trees are of the same age and shape, which are like twin brothers. It is said that in the late Ming Dynasty, some monks inherited the legacy of pnepona,and planted two white fruits with the ancient ginkgo mother tree in front of the Yougun tower which located side hall of Yihao zen temple.

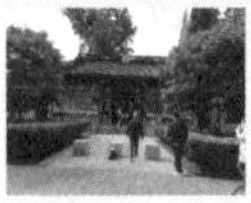

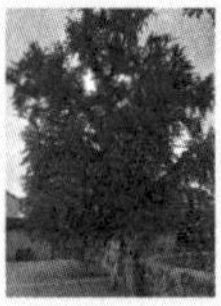

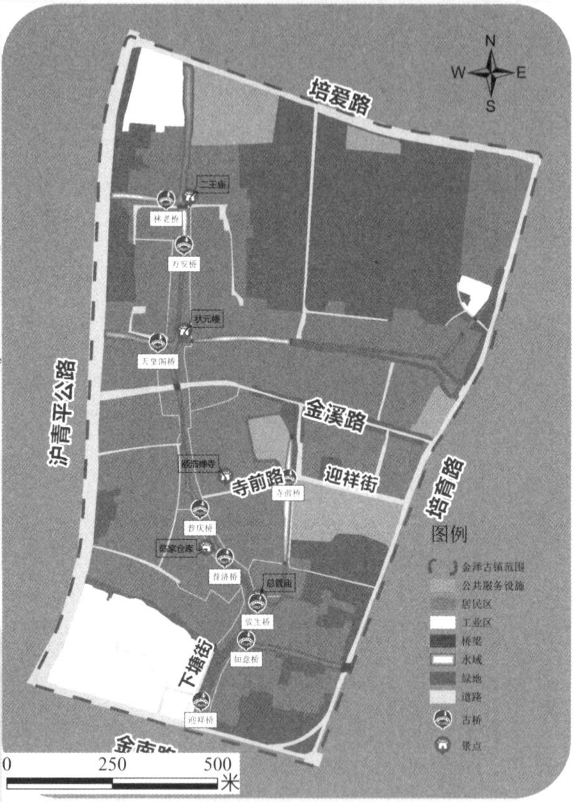
N
W
E
S
培爱路
二王庙
林老桥
万安桥
状元楼
天皇阁桥
金溪路
沪青平公路
颐浩禅寺
寺前路
寺前桥
迎祥街
培育路
普庆桥
普济桥
总管庙
放生桥
如意桥
下塘街
迎祥桥
图例
金泽古镇范围
公共服务设施
居民区
工业区
桥梁
水域
绿地
道路
古桥
景点
0
250
500
米

万安桥（Wan’an Bridge)

位于金泽镇北市，东西向，跨金泽塘，俗称“紫石桥”，又称“万安亭桥”。宋景定年间（1260 - 1264）始建，元至正二年(1342)桥上加建廊亭，“亭建如穿廊，数间飞出，其出尽处，又有佛庐相向，高与亭埒，亭中四望，水天一碧，淀山峙其东，真奇观也。”旧有“金泽四十二虹桥，万安为首”之说。

明嘉靖四十年(1561)，僧性显修；万历四十八年(1620)、乾隆五十六年(1791）重修，1999年又修。万安桥为单孔石拱桥，紫色武康石材质。桥长32.4米，宽3.1米；并列式拱圈，拱跨10.2米，高4.8米。桥面略成弧形，坡度平缓，两侧有低矮的石护栏，护栏雕水云纹。此桥具有宋代石桥特征，结构、造型、用石与普济桥基本相同，二桥同跨一河，南北相峙，称为“姊妹桥”。1959年被公布为青浦县文物保护单位。

River from east to west, commonly known as Zishi Bridge. It was built in 1260-1264 of the Song Dynasty, and a pavilion was built on the bridge in 1342 of the Yuan Dynasty, so it was also called Wan’an Pavilion Bridge. There is an old saying “Jinze has forty-two rainbow bridges, Wan’an is the best”.

The bridge was renovated in 1561,1620 and 1999. Wan’an Bridge is a single-arch stone bridge made of purple Wukang stone, 32.4 meters long and 3.1 meters wide; its arch is made up of segmental stones laid in parallel, with a span of 10.2 meters and a height of 4.8 meters. The bridge deck is slightly curved, with a gentle slope, and there are low stone guardrails on both sides carved with water and cloud patterns. It has the characteristics of the Song-style stone bridge, which is also similar to Puji Bridge in structure, shape and stone material. These two bridges cross the same river, facing each other from north to south, commonly called sister bridges. In 1959, it was inscribed as a County Cultural Heritage Site.

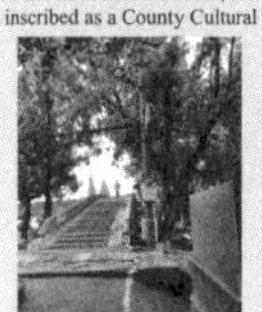

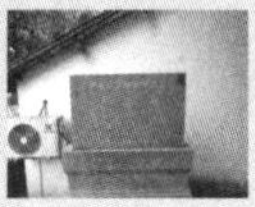

普济桥(Puji Bridge)

位于金泽镇中部，东西向，跨金泽塘，俗称“紫石桥”，又称“圣堂桥”。宋咸淳三年(1267)建，清雍正初重修。系单孔石拱桥，紫色武康石材质，长25.5米，宽2.7米，高4.8米。桥为镶边式并列拱券，拱跨10.5米，高4米。东堍石阶17级，西堍22级。桥面略呈弧状，坡度平缓，桥东坡为T字形，两侧有低矮的石护栏，拱券上镌有“咸淳三年建”题款。

Puji Bridge is located in the middle of Jinze Town,crossing the Jinzetang River from east to west，commonly known as Zishi Bridge, also known as Shengtang Bridge. It was built in 1267 during the Song Dynasty and rebuilt in the early 18th century during the Qing Dynasty. It is a single-arch stone bridge, made of purple Wukang stone, 25.5meters long, 2.7 meters wide and 4.8 meters high. The arch is made up of segmental stones laid in parallel, with a span of 10.5 meters and a height of 4 meters.There are 17 stone steps on the east abutment of the bridge, and 22 on the west. The bridge deck is slightly arc shaped and the slope is gentle, with low stone guardrails on both sides. The arch stone was inscribed with five Chinese characters "Built in the third year of the Xianchun period"(i.e. 1267).

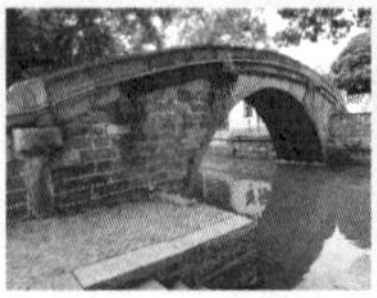

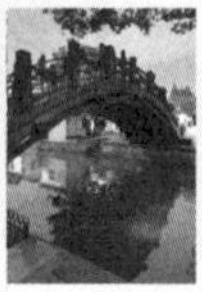

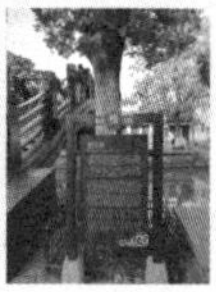

图6-38　金泽古镇数字人文专题地图（3）

6.2　服务性行业分布调查与分析

6.2.1　实习目的

近年来，我国服务业就业规模已超过农业和工业，成为吸纳就业的主体。服务业总体呈现集聚特征，不同服务行业空间分布特征各异，研究其空间分布形态及演变趋势，对于认识服务业发展规律，促进服务业和城市化的发展具有重要的理论和实践意义。本次实习的具体目的有：

（1）通过本次实习了解服务性行业分布调查的几种方式与具体操作方法。

（2）通过调查了解金泽古镇服务性行业的空间分布、经营状况、服务类型和商业活力等。

（3）基于调查结果，对金泽古镇服务性行业提出布局优化建议。

6.2.2　实习要求

1. 各小组负责片区

本次实习综合考虑服务性行业点的空间分布、调查区域面积等因素，将调查区域分为4个片区，并将学生分为4个小组，每个小组负责一个片区的调查工作（见图6-39）。

2. 调查内容

（1）调查本小组负责的片区内所有服务性行业（沿街商铺）的空间位置，并记录图片资料。

（2）调查服务性行业的类型、规模、经营内容与范围。

（3）调查服务性行业的经营状况（是否正常营业、开张日期、营业时间、月营业额等）。小组之间相互讨论，设计统一的调查问卷。统计片区内各种类型行业的数量及经营状况，通过图表进行展示；分析该片区内服务性行业的结构、空间分布格局、总体经营状况、商业活力等信息。

3. 基于金泽古镇服务性行业调查结果的分析

（1）矢量化金泽古镇服务性行业空间位置信息及属性信息（行业类型、

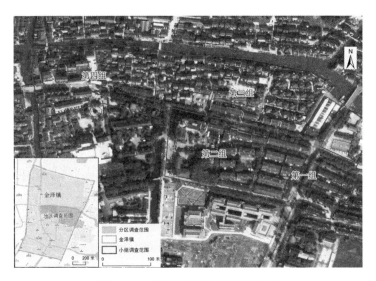

图6-39　金泽古镇调查分区示意图

规模、经营内容与范围、经营状况等）。

（2）基于服务性行业调查数据制作统计图表。

（3）针对服务性行业调研结果进行空间分析。

（4）基于分析结果，对金泽古镇服务性行业布局提出优化建议。

6.2.3　实习注意事项

（1）在实习过程中，请各位同学互相帮助，友善待人，爱惜设备。

（2）各小组成员需按时提交实习报告，报告中需明确任务分工。

6.2.4　实习方法介绍

1.服务性行业调查方法

服务性行业调查一般采用社会经济调查的方法，包括访问调查、问卷调查、观察调查、互联网调查等。

（1）访问调查：调查人员直接向被调查对象口头提问，并当场记录答案。这种调查方法可以搜集第一手数据，且数据较为客观可靠，是社会经济调查中较为常用的方法。根据调查对象的不同，访问调查可以采取入户调查、组织座谈会及当事人或知情者个别采访等形式开展。

（2）问卷调查：调查者根据自己对社会经济现象的理解，事先设计出由一系列变量、指标组成的问题并与备选答案和说明组成问卷，请求被调查对象作答。问卷可当面分发、邮寄投递或以电子邮件形式发送。这是一种标准化的调查手段，特别适合用计算机处理，是社会调查机构运用最多的一种调查手段。市场调查、出行偏好调查等一般运用此种调查手段，但问卷回收率较低。

（3）观察调查：通过调查者观察或使用专门的设备观察选定的社会经济现象或活动，并记录其状态、过程或结果，取得第一手数据。这种调查手段特别适合社会行为的调查，如观察城市路口的车流量、进出商场的人数及其性别比例等。重要的是，该手段可以使用照相机、摄像机等设备实地记录发生的社会现象。

（4）互联网调查：利用互联网的即时通信功能进行问卷调查，或对网页、网上论坛等网络社交媒体进行主题信息爬取或数据挖掘，提取人们对社会经济现象的态度和评价信息。这是最有发展前景的社会经济调查手段。

每个小组可以根据实际情况选择调查手段，自行设计与拟定调查方案。

2. 社会经济数据的测度

社会经济调查总是采用一定的测度来定性或定量地表示各项指标的调查结果，得到社会经济调查数据，并以此进行各类分析或统计。在社会经济调查中，测度的客体是各种社会经济指标，通过测度来刻画各种调查指标或利用测量尺度来衡量某种社会经济现象，从而将该社会经济现象的某一状态依据一定的法则转化为某种数字或符号。社会经济现象都具有直接的或潜在的可测性，一般采用定类、定序、定距和定比4类测度中的一种来衡量社会经济现象的各项指标。

（1）定类测度，也称类别测度或命名测度。用于测度社会经济现象及其指标变量间的类别，如将人口分为男、女两类；将企业按经济类型分为国有企业、集体所有制企业、私营企业、联营企业、股份制企业、外资企业等。可以采用字符、数字甚至颜色来表示定类测度，但数字（如性别中以"1"表示男性、"2"表示女性）并不意味着可以进行数学运算。

（2）定序测度，也称顺序测度或等级测度。用于测度社会经济现象某项指标在等级或顺序上的差别，如将产品分为一等品、二等品、三等品和次品几个等级；将人口受教育水平分为小学、初中、高中、大学、研究生及以上几个层次等。也可以采用字符、数字来表示定序测度，定序测度可以用"大于""小于"进行比较，但即使是数字也不能进行数学运算。

（3）定距测度，也称间距测度。用于测度可以量化的社会经济指标，且量化值之间的差异具有明确的物理意义（量纲）。例如，使用人民币测度人均收入或消费水平，使用人数测度人口数量，等等。一般采用数字（包括整数和浮点数）来表示定距测度，可以进行数学运算。

（4）定比测度，也称比率测度。用于测度可以求取比值并能按比值进行分析的社会经济指标，要求比值具有实际意义（但是比值没有量纲）。定比测度必须有一个固定的、可比的基准，如个人月收入18 000元是人均月收入6 000元的3倍。

每个小组在拟定调研方案时，需要采用合适的测度方法对服务性行业的各项指标进行测度。

3. 服务性行业分析方法

（1）核密度分析

核密度分析（Kernel Density）是地理研究中最常用的一种分析方法。核密度分析的实质是计算每个输出栅格像元周围的点要素的密度，靠近格网搜寻区域中心的点或线会被赋予较大的权重，随着其与格网中心的距离加大，权重降低。核密度分析相比其他密度制图分析，结果相对平滑。在本次实习中，使用核密度分析可以帮助学生观察区域内不同行业的聚集情况，发现潜在规律，提出有效建议。

在ArcGIS中进行核密度制图的主要步骤如下：

① 点击"Spatial Analyst工具"→"密度分析"→"核密度分析"（见图6-40）。

② 设置输入要素和输出路径，即可完成核密度制图。也可以对"输出像元大小""搜索半径""面积单位"等进行设置（见图6-41）。

图6-40 ArcToolbox中核密度分析所在位置

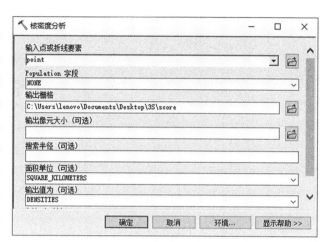

图6-41 核密度分析工具界面

③ 完成核密度分析后，可以点击右键进入"图层属性"→"符号系统"设置图例颜色和图例样式（见图6-42）。

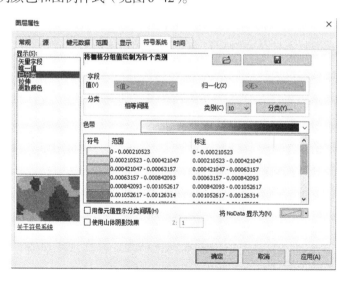

图6-42 核密度分析结果的符号系统设置

④ 可以点击右键进入"图层属性"→"显示"，完成图层透明度等的设置（见图6-43）。

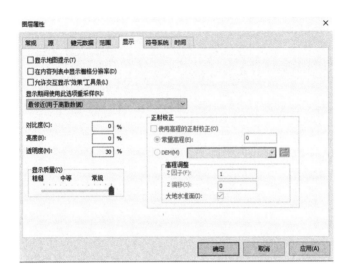

图6-43　核密度分析结果的透明度设置

（2）商业活力评价

商业活力评价主要用于评价调查区域内的商业兴盛程度。建议每个小组通过组内讨论，从区域内部和外部两个视角出发，开展商业活力评价工作。以下是开展商业活力评价的方法示例，小组在开展相关工作时，可以选用该评价方法，也可自行设计评价方法完成评价工作。

本次实习通过构建商业活力指数指标体系（见表6-1）来开展每个服务性行业点（店铺）的商业活力量化评价。综合某个片区内所有服务性行业点的商业活力评价量化值，获得该片区的综合商业活力评价结果。研究视角包括内部影响力和外部影响力两类。内部影响力视角下，选取行业活力指数和消费活力指数来评价调查区域内部商业活力情况。外部影响力视角下，设定商业影响力指数评价周边环境及设施对店铺的影响力。通过商业活力指数量化分析，可以了解调查区域内的行业发展情况、商业兴盛程度和空间异质性，以期帮助调查区域探索商业发展路径，提升商业活力。

商业活力指数指标体系中，每个一级指标下分为若干二级指标。行业活力指数中，行业聚集性指数以某店铺所属片区的POI店铺密度表征该店铺所属片区的店铺聚集情况；行业多样性指数以某店铺所属片区的香农多样性指数表征该店铺所属片区各行业多样性情况。消费活力指数中，营业指数综合营业时长与开业时间来表征调查区域内店铺的运营情况；消费指数通过月营业额来表征店铺的收入情况。商业影响力指数中，景点影响指数通过计算某店铺距金泽古镇景区中心的距离来表征金泽古镇景区对该店铺的影响程度；交通影响指数通过计算某店铺距主干道沪青平高速公路的距离来表征道路交通对该店铺的影响程度。

表6-1 服务性行业点（店铺）商业活力指数指标体系内容及数据计算方式

研究视角	一级指标	二级指标	计 算 方 式
内部影响力	行业活力指数	行业聚集性指数	某店铺所属片区的POI店铺密度
		行业多样性指数	某店铺所属片区的香农多样性指数
	消费活力指数	营业指数	综合营业时长与开业时间来计算
		消费指数	月营业额
外部影响力	商业影响力指数	景点影响指数	某店铺距金泽古镇景区中心的距离
		交通影响指数	某店铺距主干道沪青平高速公路的距离

根据表6-1中的商业活力指数指标体系，对调查区域内的每个店铺进行商业活力评价，获得每个店铺的商业活力指数值，如公式6.1所示。

$$V_k = \sum_{i=0}^{I} w_i E_i \qquad （公式6.1）$$

式中，V_k是第k个服务性行业点（店铺）的商业活力指数值；w_i是第i个二级指标的权重，权重可以通过主成分分析法、熵权法或者层次分析法等方法来获得；E_i是第i个二级指标经过数据预处理后的评价值。如果某个二级指标可以通过定距测度或定比测度的方法来衡量，则先通过数据标准化方法进行数据预处理，比如通过极差标准化方法进行预处理，如公式6.2所示。

$$E_{ij} = \begin{cases} \dfrac{EO_{ij} - \min EO_i}{\max EO_i - \min EO_i}, 正向指标 \\ \dfrac{\max EO_i - EO_{ij}}{\max EO_i - \min EO_i}, 负向指标 \end{cases} \qquad （公式6.2）$$

式中，E_{ij} 为第 i 个二级指标中第 j 个数据的标准化结果；EO_{ij} 为该二级指标中第 j 个店铺的数据；$\max EO_i$ 和 $\min EO_i$ 分别为该二级指标中所有店铺数据的最大值和最小值。

如果某个二级指标通过定类测度或者定序测度的方法进行衡量，则对不同的值进行定类或者定序赋值，赋值区间为 $0 \sim 1$，以使其取值区间与通过极差标准化方法预处理后的二级指标的取值区间一致。通过汇总数据预处理后的二级指标值，并代入公式 6.1 中，即可算出每个服务性行业点的商业活力指数值。

完成某个片区内所有服务性行业点的商业活力指数值计算后，综合该片区内所有服务性行业点的商业活力指数值，获得该片区的综合商业活力评价量化值。计算方法如公式 6.3 所示。

$$VI = \sum_{k=0}^{K} V_k / K \qquad （公式 6.3）$$

式中，VI 是一个片区的综合商业活力评价值；K 是该片区内的服务性行业点总数。

下面介绍在商业活力指数计算中需要用到的香农多样性指数，另外以主成分分析法为例，介绍公式 6.1 中权重确定的方法。

① 香农多样性指数

香农多样性指数（Shannon's Diversity Index，SHDI）原应用于生态学中，评价各类斑块的分布情况。随着该方法应用研究的不断深入，目前香农多样性指数已不局限于生态学领域。本次实习中使用香农多样性指数评价实习区域内行业种类的多样性，如公式 6.4 所示。

$$SHDI = -\sum_{i=1}^{n} (P_i)(\ln P_i) \qquad （公式 6.4）$$

式中，Pi 表示行业中第 i 个行业种类的行业点数（店铺数）占总行业点数的比例。

② 主成分分析法

主成分分析法（Principal Component Analysis，PCA）也称主分量分析

法，旨在利用降维的思想，把多指标转化为少数几个综合指标（即主成分），其中每个主成分都能够反映原始变量的大部分信息，且所含信息互不重复。在本次实习中，主成分分析法主要运用于获取所有二级指标的数值后，计算商业活力指数中各二级指标的权重。

目前，主成分分析法通常借助SPSS、SPSSPRO或MATLAB软件实现。在网页版SPSSPRO中的主要计算步骤如下：

步骤一：上传数据。

注册账号后，进入"数据分析"页面，点击"新建分析"，并上传待分析的表格（见图6-44）。

图6-44　SPSSPRO主成分分析（1）

步骤二：在"选择算法"栏目中选择"主成分分析（PCA）"，将相应变量放入分析框内，设定主成分个数、特征根阈值，并点击"开始分析"（见图6-45）。

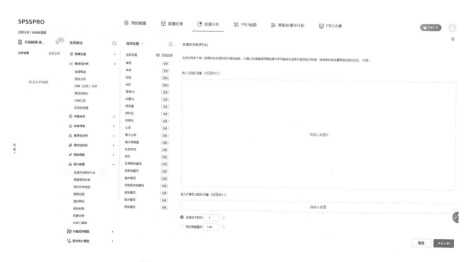

图6-45　SPSSPRO主成分分析（2）

步骤三：得出结果后，首先检查KMO检验和Bartlett检验的结果，若检验结果不符合要求，可以对数据进行调整。如果检验结果较好，则可以采用计算得到的权重结果。

6.2.5 实习仪器介绍

本次实习运用GNSS数据采集器获取服务性行业点（沿街商铺、店面）的空间位置信息。这里以两款安装了数据采集软件的GNSS数据采集器为例，介绍实习仪器。

1. GNSS数据采集器1——ArcPad软件

GNSS数据采集器1（见图6-46）上安装有ESRI ArcPad软件，能够帮助外业人员完成外业数据采集工作。ArcPad支持数据加载、数据编辑与获取、地图放大与缩小、数据查询、数据更新、计算距离与面积等功能。ArcPad可直接加载来自个人电脑或GIS系统的数据，而不需进行数据格式转换。ArcPad能够加载的矢量数据是行业标准的shapefile文件格式。此外，ArcPad直接支持通用的栅格影像格式，可以将栅格和矢量数据结合使用。ArcPad也可以与ArcGIS Server、ArcGIS Desktop联合使用，用ArcPad加载已发布的服务，并且进行版本编辑，同步服务器数据。

图6-46 安装有ArcPad软件的 GNSS数据采集器外形

2. GNSS数据采集器2——集思宝数据采集软件

GNSS数据采集器2（见图6-47）上安装有集思宝数据采集软件，内置北斗+GPS双模芯片和天线，能够支持北斗+GPS双模定位。另外，其内置电子罗盘、气压计、加速度传感器、光线传感器，能以外接形式连接多种外部传感器。通过集思宝数据采集软件，能够获取服务性行业点位的位置信息，具体操作方法将在"6.2.7实习仪器操作流程"部分做详细介绍。

6.2.6　实习内容

1. 外业部分

（1）调查本小组负责片区内所有服务性行业（沿街商铺）的空间位置，并拍照记录图片资料。

（2）调查服务性行业的类型（行业类型请参考《国民经济行业分类GB/T 4754—2017》）、规模、经营内容与范围。

（3）调查服务性行业的经营状况（是否正常营业、开张日期、营业时间、月营业额等）。

2. 内业部分

（1）根据已收集的服务性行业数据开展服务性行业布局分析。统计各种类型的行业数量及经营状况，通过图表进行展示；基于核密度分析

图6-47　GNSS数据采集器2外形

法、商业活力指数分析该片区内的各个行业点的空间分布格局、总体经营状况和商业活力。

（2）分析服务性行业布局中存在的问题，提出布局优化建议。

6.2.7　实习仪器操作流程

1. ArcPad使用说明

（1）创建新的地图

➤ 打开ArcPad，选择"New map"新建一张空白地图。如果需要采集数据，先添加或新建图层。选择"Create a Quick Project"，可以新建一个已经具有点、线、面的快速工程。

➤ 在新建工程界面，一般模板都为默认，投影则根据需求选择投影系统。点击"OK"，弹出新建快速工程选项和一些其他选项，包括"Start using GPS"（激活GPS）和"Record GPS tracklog"（记录GPS轨迹）。

➢ 若在"Record GPS tracklog"模式下想关闭轨迹显示，可在"图层管理"→"内容表"中去除GPS跟踪日志。

（2）新建图层

➢ 点击 📂 按钮旁的下拉箭头，选择"新建"→"新建图层"。

➢ 在弹出的窗口中选择新建图层的类型。

➢ 点击 ⊞ 按钮，为图层增加属性。

➢ 在输入面板中更换输入法，用触笔选择定义每个字段，比如名称、长度等。可以定义成字符型、数字型、日期型，同时还可以定义每个字段的长度、精度。比如数字型，其精度代表小数点后的位数。输入完成后点击"OK"键，完成一个字段的定义。

➢ 所有字段定义完成后，点击"OK"键，弹出保存窗口，输入保存文件名和路径，完成一个图层的创建。

（3）设置GPS连接参数

➢ 点击主菜单下"激活GPS"按钮 📡 下方的倒三角箭头。

➢ 选择"GPS首选项"，弹出界面。

➢ 设置GPS参数如下：MG838相关参数依次为 —— 协议：NMEA0183；端口：COM5；波特率：57600。选好参数，点击"OK"键完成设置。

➢ 为了保证后处理的精度，启用计算平均值功能。进入"捕获"页面，选中"启用计算平均值"，输入想要平均的位置数目。注意：在采集点处静止不动，保持至少30秒以保证足够多的原始数据被采集。因此，位置数目设为30。如果在小范围内采集数据，"流"中的距离间隔应设置得小一些，比如1米；如果在较大范围内采集数据，则应设置得大一些。

（4）激活GPS

➢ 点击"激活GPS"按钮 📡 右下角的箭头，选择"激活GPS"，系统会自动激活GPS。如果在室内或者信号不好的地方，则无法进行定位。注意：GPS前面出现一个红框就表示GPS已被激活。通过点击实现激活与关闭。

（5）数据采集

【加载图层】

➢ 点击"加载图层"按钮 ⊕ ，会显示出系统内置图层以及事先创建好的图层。

➢ 选择要采集数据的图层，点击"OK"键，加载所选图层。可以同时打开多个图层，包括点、线、面图层。

➢ 若选择新建一个"快速工程"（Quick Project），则不需要在采集前再添加图层，因为快速图层中已经包含了点、线、面图层。

➢ 如果数据采集过程中要加入地图作为底图，则要先新建一个"快速工程"，再通过点击"添加数据"按钮 ⊕ 把地图加载进来。

【图层管理】

➢ 如果同时打开多个图层，可以进行不同图层间的管理。

➢ 点击"图层管理"按钮 ▧ ，弹出"内容表"窗口。

➢ 如果需要对某个图层进行编辑，在编辑按钮 ✎ 下的框中打钩即可。

➢ 双击图层或者点击"属性"按钮 ◈ ，在弹出的"图层属性"对话框中进行相应的设置。

【用GPS创建点】

➢ 从"内容表"中选择一个点图层，同时GPS被激活。

➢ 从"编辑"→"绘制要素"框中选择点 ⋮ 。

➢ 在当前位置，点击"用GPS绘制一个点要素"按钮 ❖ ，产生一个GPS点。同时，"要素属性"框会自动打开。

➢ 在"要素属性"框中的"点"界面，会弹出进度条并提示进度。

➢ 更改界面至"点"，输入采集点的属性。点击"OK"按钮完成点的创建。注意：在采集"点"的过程中，可同时输入属性，无需等到结束。如果在进程完成前点击"OK"按钮，系统会提示"未达到位置平均默认值，现在想停止位置平均吗？"

➢ 如果想取消点的创建，点击取消按钮 ✖ 即可。

【用GPS创建线】

➤ 从"内容表"中选择一个线图层，同时GPS被激活。

➤ 从"编辑"→"绘制要素"框中选择线 ，如果GPS已被激活，"用GPS添加一个要素顶点"以及"连续增加GPS点"也会被激活。

➤ 如果想在当前位置添加一个GPS点作为线性地物的结点，点击"用GPS添加一个要素顶点"按钮 ，即可增加一个结点。结点会以蓝色方框的形式在图上绘出，同时所有的结点会连接成线，并且以用户所选择的颜色表示。如果发现点采集有误，可以点击撤销按钮 删除。

➤ 如果选择了取平均，系统会自动弹出"平均"对话框，并以进度条的形式表示采集的时间和数目。

➤ 点击"连续增加 GPS点"按钮 ，系统会根据设置的"顶点间隔"（单位是秒）以及"距离间隔"（单位是米）自动采集GPS数据。

➤ 点击 按钮，系统会弹出"要素属性"对话框，可输入要素的属性。

➤ 点击"OK"按钮，完成一条线状地物的采集与属性的编辑。注意：捕捉线状地物时可以创建点状地物，如果一个点图层已经打开，在采集线状地物的同时也可以采集点状地物。操作方法是将"连续增加GPS点"暂停，点击"用GPS绘制一个点要素"按钮 ，产生一个GPS点要素。

➤ 如果要暂停GPS线状地物的结点的采集，通过点击"连续增加 GPS点"按钮 暂停或者停止线状地物结点的采集。如果需要重新激活采集，只要再点击该按钮即可。

【用GPS创建面】

➤ 从"内容表"中选择一个面图层，同时GPS被激活。

➤ 从"编辑"→"绘制要素"框中选择面 。如果GPS已被激活，"用GPS添加一个要素顶点"以及"连续增加GPS点"也会被激活。

➤ 如果想在当前位置添加一个GPS点作为面状地物的结点，点击"用

GPS添加一个要素顶点"按钮，即可增加一个结点。结点会以蓝色方框的形式在图上绘出，同时所有的结点会连接成线，并且以用户所选择的颜色表示。如果发现点采集有误，可以点击撤销按钮删除。

➢ 如果选择了取平均，系统会自动弹出"平均"对话框，并以进度条的形式表示采集的时间和数目。

➢ 点击"连续增加 GPS 点"按钮，系统会根据设置的"顶点间隔"以及"距离间隔"自动采集GPS数据。注意：这里的"顶点间隔"和"距离间隔"都要达到要求，才开始采集点。例如，"顶点间隔"设置为10秒，"距离间隔"设置为100米时，如果10秒内走了100米，则开始采集；如果10秒内行走距离不到100米则不采集；如果10秒没到就走了100米也不采集，等10秒后再开始下一次采集。

➢ 点击 🔷 按钮，系统会自动增加一个与初始点相同坐标的点，封闭面状地物。同时，弹出"要素属性"对话框，可输入要素的属性。

➢ 点击"OK"按钮，完成一个面状地物的采集和属性的编辑。

（6）在屏幕上绘图

【设置捕捉】

➢ 在绘图时，设置捕捉的点和边可以使绘图的点落在捕捉的点或边上。设置捕捉容限，即设置光标距离捕捉的点或边等对象多远时，才能捕捉到。

【绘制点要素】

➢ 在数据编辑下拉菜单 🌐 中，选择所要编辑的"点"图层。

➢ 直接点击屏幕上需要绘制点的位置，在弹出的页面上输入属性数据，查看坐标信息，点击"点"。

【绘制线要素】

➢ 在数据编辑下拉菜单 🌐 中，选择所要编辑的"折线"图层。

➢ 直接在屏幕上点击线的拐点，完成之后点击 🔷 按钮。

➢ 点击"地理"，查看坐标信息和周长。注意：必须点击"OK"按钮才能保存所采集的数据。

> 如果发现点采集有误，可以点击 ↺ 按钮返回上一点。

> 点击"手画线"后，可在屏幕上绘制曲线，完成后触笔离开屏幕，就会弹出属性输入页面。

【绘制面要素】

> 在数据编辑下拉菜单 🌐 中，选择所要编辑的图层；在数据要素下拉菜单 🖾 中，选择"多边形"。

> 直接在屏幕上点击线的拐点，完成之后在弹出的属性页面上输入相应的属性。

> 点击"地理"，查看坐标信息、周长和面积。注意：必须点击"OK"按钮才能保存所采集的数据。

> 如果发现点采集有误，可以点击 ↺ 按钮返回上一点。

> 点击"手画多边形"后，可在屏幕上绘制曲线，完成后触笔离开屏幕，就会弹出属性输入页面。

【数据信息查询】

> 点击识别按钮 ℹ️ ，然后点击想要查看的图形，就会弹出该图形的属性界面。

【删除图形数据】

> 点击选择按钮 ⬉ ，然后点击要删除的图形，该图形显示被选中，然后点击 ⊞ ，选择"删除"。

2. 集思宝数据采集软件使用说明

（1）位置服务设置

使用集思宝数据采集软件前，GNSS 数据采集器上的位置服务设置方法如下（以安卓系统为例）：

> 轻触"应用程序图标 ⊞ "→"设置"，选择"位置服务"，进入位置服务面板。菜单选项中包含：Google 的位置服务（即使用 WLAN 或移动网络的数据进行定位）、GPS 卫星（即使用 GPS 卫星进行定位）、A-GPS（即通过移动网络获取辅助定位数据，加速 GPS 定位过程）、A-GPS 设置（即修改 A-GPS 相关设置）、NMEA 开关（即打开

NMEA数据输出功能）、北斗（即使用北斗卫星参与定位）。

➤ 轻触"应用程序图标 ⊞"→"GPSBD"，用户可通过本机自带的
GPSBD应用程序查看当前位置上空北斗卫星和GPS卫星的情况。
该程序能实时显示当前位置上空卫星的编号、信号强弱和位置等
信息。

➤ 位置服务开启后，从应用市场下载和安装的应用即可以通过相应的
服务接口获取当前的位置信息，并提供与位置相关的服务和应用。

（2）空间数据采集

在GNSS数据采集器的软件列表上，找到集思宝数据采集软件"数据采
集器 📷"，点击并进入数据采集页面。

① 主界面介绍（见图6-48）

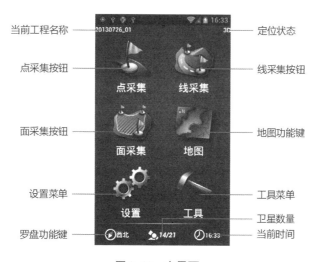

图6-48 主界面

② 点采集

在集思宝数据采集软件的主界面上点击"点采集"按钮，进入点采集界
面（见图6-49）。

➤ 点击"点采集"按钮进入点采集界面后，再点击"开始"，就可以采
集点位了，以秒为单位，每秒采集器内部会获得一个坐标值，将所

图6-49　点采集界面（1）

有坐标值进行平均计算得出一个坐标值（见图6-50）。等待数秒后，点击"暂停"以获取精准的点位坐标。

图6-50　点采集界面（2）

➢ 采集点坐标的同时，可以对点属性进行编辑：点击"名称编辑"，可以修改采集点名称；点击"属性编辑"，可以编辑采集点的属性；点击"位置精度因子"可以设置三维位置精度因子，PDOP值的大小与GPS定位的误差成正比。PDOP值越大，定位误差越大，定位的精度就低。一般要求PDOP值在4以下。

➢ 在完成点采集后，点击"坐标显示"，会显示点的当前坐标位置，可手动编辑坐标；点击"高度显示"，会显示点的当前高度位置，可手动编辑高度；点击"定位状态栏"，会显示在采集时的定位状态。

➢ 点击菜单键，可以进行地图查看、坐标设置、重置采集和导航。

➢ 点击"拍照"，可以记录采集点对象照片或周边环境照片。

➢ 完成所有设置后，点击"保存"以保存点的坐标与属性信息。

③线采集

在集思宝数据采集软件的主界面上点击"线采集"按钮，进入线采集界面（见图6-51）。

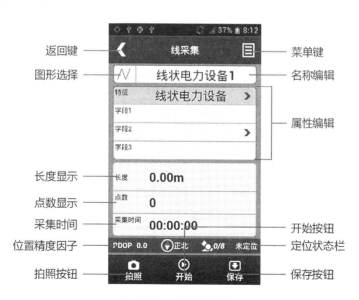

图6-51　线采集界面

➢ 点击"线采集"按钮进入线采集界面后，再点击菜单键，可进行采集设置。线与面采集模式均可使用时间或距离模式。根据需求，可对采集的时间、距离间隔进行设置。

➤ 完成上述设置后，点击"开始"并沿待测量路线移动，即开始采集线。

➤ 线采集的同时可以对线属性进行编辑：点击"图形选择"，可以对线型、线宽和颜色进行编辑；点击"名称编辑"，可以修改采集线名称；点击"属性编辑"，可以修改采集线描述；点击"位置精度因子"，可以设置三维位置精度因子，PDOP值越大，GPS定位精度就越低，一般要求PDOP值在4以下。

➤ 点击菜单键，可以进行地图查看、采集设置、重置采集操作。

➤ 在完成采集后，点击"拍照"，可以记录采集线对象照片或周边环境照片。

➤ 最后点击"保存"，可以保存采集线。

④ 面采集

在集思宝数据采集软件的主界面上点击"面采集"按钮，进入面采集界面（见图6-52）。

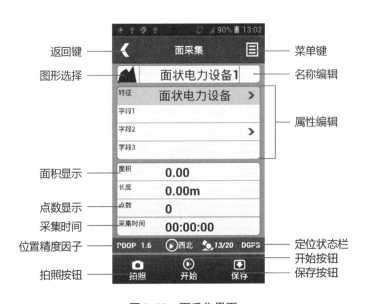

图6-52　面采集界面

➢ 点击"面采集"按钮进入面采集界面后，再点击菜单键，可进行采集设置。线与面采集模式均可使用时间或距离模式。根据需求，可对采集的时间、距离间隔进行设置。

➢ 完成上述设置后，点击"开始"并沿待测量路线移动，即开始采集面。

➢ 面采集的同时可以对面属性进行编辑：点击"图形选择"，可以对线宽、线型、颜色、填充样式进行编辑；点击"名称编辑"，可以修改采集面名称；点击"属性编辑"，可以修改采集面描述；点击"位置精度因子"可以设置三维精度因子，PDOP值越大，GPS定位精度就越低，一般要求PDOP值在4以下。

➢ 点击菜单键，可以进行地图查看、采集设置、重置采集操作。

➢ 在完成采集后，点击"拍照"，可以记录采集面对象照片或周边环境照片。

➢ 最后点击"保存"，可以保存采集面。

（3）地图浏览

在集思宝数据采集软件的主界面上点击"地图"功能键，进入地图浏览界面（见图6-53）。

图6-53 地图浏览界面

➤ 点击罗盘功能键，指北针会显示正北方向。

➤ 点击菜单键，可以打开隐藏菜单按钮，分别为"新建工程""数据管理""工程数据""去哪里""工具""设置"。

● 新建工程：可以新建工程并编辑工程名、创建人、特征库、存储位置与工程描述。

● 数据管理：可以查看之前采集的数据与存储位置，也可以使用关键字搜索项目。

● 工程数据：可以使用关键字搜索已采集的点、线、面数据。

● 去哪里：可以规定城市和店铺类型，使用关键字搜索目标地点。

● 工具：与主界面中工具菜单的内容相同。

● 设置：与主界面中设置菜单的内容相同。

➤ 点击"卫星数量"，可显示"使用颗数"/"跟踪颗数"。

➤ 点击"定位状态"，可显示 No Fixed / 2D / 3D / DGPS 几种不同的定位状态。

➤ 点击"视角切换"，可切换地图视角，包括行首向上与北向上、3D和2D等。

● 行首向上：地图上方表示的是前进方向，在运动状态下，地图上车标朝向和行进方向是一致的，此时地图会跟随行进方向做相应的旋转。

● 北向上：地图固定显示为上北下南左西右东，在运动状态下，车头会根据行进方向做相应的旋转，地图方向固定不动。

● 3D：显示立体图，是鸟瞰图模式，视觉效果为一定角度往远处往下看，为斜视图。

● 2D：正投影图，是俯视图模式，由物体上方向下做正投影得到的视图，从上往下的正视图。

➤ 点击数据采集工具栏，可快速打开点采集界面、线采集界面、面采集界面。

➤ 点击"图层管理"，可进入图层管理界面。

➤ 点击"比例尺缩放"，可缩放地图比例尺大小。

➢ 点击数据显示区，非导航模式时显示当前经纬度，导航模式时默认显示预计到达时间和剩余距离。

（4）工程设置

在集思宝数据采集软件的主界面上点击"设置"按钮，进入工程设置界面（见图6-54）。该界面中，能够实现采集设置、坐标设置和单位设置。

① 采集设置

➢ 点击"线采集模式"或"面采集模式"，可选择按时间模式采集或者按距离模式采集。

➢ 点击"时间间隔"，可输入间隔时间，默认为1秒。时间模式是按一定时间间隔采集一个点，最后软件自动将所有采集的点连成线或面的模式。选择按时间模式采集时，线和面上的点会根据设定的时间间隔自动记录点。点击"距离间隔"，可输入间隔距离，默认为1米。距离模式是按一定距离间隔采集一个点，最后软件自动将所有采集的点连成线或面的模式。选择按距离模式采集时，线和面上的点会根据设定的距离间隔自动记录点。

② 坐标设置（见图6-55）

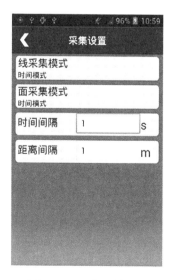
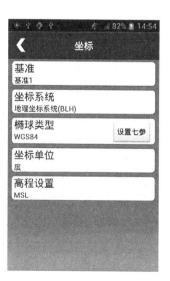

图6-54　工程设置界面　　　　图6-55　坐标设置界面

> 在坐标设置界面中，"基准"中共有四个基准，分别为基准1、基准2、基准3、基准4，可以在不同的基准里面设定不同的参数。"坐标系统"中共有两种类型系统，分别为地理坐标系统（BLH）、投影坐标系统（XYH）。若选择地理坐标系统（BLH），则下方为坐标单位；若选择投影坐标系统（XYH），则下方为投影类型。

> "坐标单位"中共有三种单位形式，分别为"度""度/分""度/分/秒"。

> "投影类型"一般选择横轴墨卡托投影，经度原点输入当地的中央子午线，假东方向输入500000。

> "椭球类型"可以设置为预置的WGS84、西安80、北京54；另外，用户还可以自定义"设置七参"。

> "高程设置"可以设置为MSL（海拔高）、HAE（大地高）。海拔高表示的是地面点到平均海水面的高度值。大地高则表示从一地面点沿过此点的地球椭球面的法线到地球椭球面的距离。

③ 单位设置（见图6-56）

> 在单位设置界面中，"高度"共有两种单位，分别为公制、英制。

> "距离/速度"共有三种单位，分别为公制、英制、海制。

> "面积"共有七种单位，分别为平方公里、公顷、亩、平方米、平方英里、英亩、平方英尺。

图6-56　单位设置界面

6.2.8　学生实习成果展示

（1）服务性行业空间分布情况

本次实习，调查小组分为4组。通过小组成员实地调查得出的结果可以发现，第1组至第3组的调查区内服务性行业分布较少，第4组的调查区内服务性行业分布较多。因此，在进行商业活力指数计算时，我们将第1组至第3组的调查区合并为一个区，形成东、西两区并进行相应的统计与分析（见图6-57）。

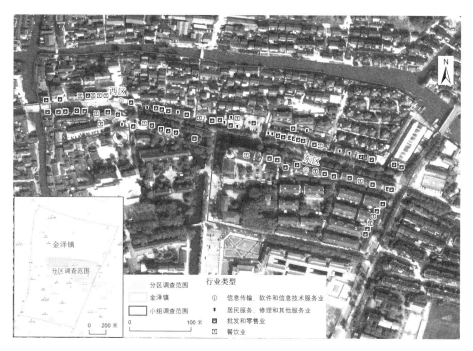

图6-57 服务性行业空间分布情况

（2）典型服务性行业分布及调研结果

① 餐饮业情况

本次实习调查区内的餐饮店共有16家，规模以小型为主，其中有3家开张于20世纪，经营时间较长。从日营业时长看，部分餐饮店营业时间较短，这与部分餐饮店只在特定的时间段营业（如早餐店）有关。月营业额方面，相较于其他餐饮店，饭店具有较高的月营业额（见表6-2）。从餐饮店空间分布来看，调查区东区和西区餐饮店数量接近，其中西区餐饮店分布较为集中（见图6-58）。

表6-2　餐饮业外业调研结果示例

编号	门牌号（号）	经度	纬度	规模	经营内容	月营业额（元）	开张年份（年）	营业时长（小时）
1	金溪路155	120.913 761	31.038 676	小	餐饮	4 000	1990	6.5
2	金溪路194	120.916 369 2	31.039 441 44	小	客饭	15 000	2017	8
3	金溪路200	120.916 292 2	31.039 430 5	小	奶茶	10 000	2017	11.5
4	金溪路206	120.916 226 3	31.039 360 58	小	牛肉汤	20 000	2019	19
5	金溪路180	120.920 343	31.037 628	小	餐饮	7 000	2013	7
6	金溪路187	120.920 318	31.037 707	小	客饭、面条	6 500	2014	14
7	金溪路220	120.918 279	31.039 731	中	饭店	120 000	2011	12
8	金溪路246	120.918 491	31.038 657	小	餐饮	4 000	1990	6.5
9	金溪路62	120.919 436	31.038 663 9	中	小型饭店	50 000	2014	12
10	金溪路78	120.919 369 2	31.039 441 44	小	客饭	15 000	2017	8

② 批发和零售业情况

调查区内的批发与零售店共有50家，经营内容各异，种类多样，经营规模以小型为主。一般来说，规模越大的店铺，其月营业额越高。从日营业时长来看，这些批发与零售店的日营业时长都达到了8小时。从开张年份来看，这些批发与零售店大多数开张于2010年之后（见表6-3）。从批发与零

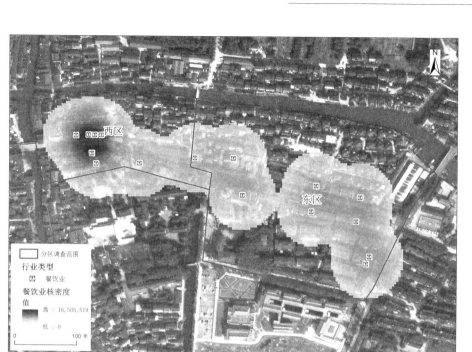

图6-58　调查区餐饮业空间分布情况

售业空间分布情况来看，调查区内的批发与零售店分布较为集中；从数量上看，约有60%的批发与零售店分布在东区（见图6-59）。

表6-3　批发与零售业外业调研结果示例

编号	门牌号（号）	经度	纬度	规模	经营内容	月营业额（元）	开张年份（年）	营业时长（小时）
1	金溪路9	120.917 465 3	31.039 149 87	小	服装鞋帽	50 000	2013	10
2	金溪路143	120.917 247 8	31.039 223 91	小	零售	15 000	2011	16
3	金溪路159	120.913 761	31.038 676	小	冷饮批发	30 000	2021	12
4	金溪路166	120.916 966 7	31.039 273 2	小	生活用品	3 000	2015	18

续　表

编号	门牌号（号）	经度	纬度	规模	经营内容	月营业额（元）	开张年份（年）	营业时长（小时）
5	金溪路169	120.916 726 2	31.039 333 05	小	烟酒	20 000	1990	14
……	……	……	……	……	……	……	……	……
46	金溪路86	120.919 491	31.039 215	小	生活电器	20 000	2000	16
47	金溪路90	120.919 097 2	31.038 716 78	小	服装、百货	20 000	2020	10
48	金溪路93	120.919 029 8	31.038 841 57	中	服装、百货	10 000	2016	9.5
49	金溪路95	120.919 299	31.039 282	小	茶	20 000	2010	14
50	金溪路99	120.919 063 4	31.038 743 08	小	药品、化妆品	1 000	2004	13.5

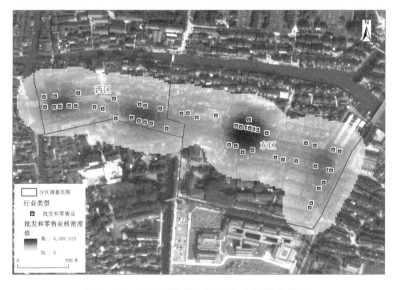

图6-59　调查区批发与零售业空间分布情况

③ 居民服务、修理和其他服务业情况

除了餐饮店、批发与零售店外，调查区内还有11家居民服务、修理和其他服务业店铺。其经营内容以理发居多，符合居民日常生活需求。从日营业时长来看，居民服务、修理和其他服务业店铺的日营业时长都达到了8小时。从月营业额来看，大多数居民服务、修理和其他服务业店铺的月营业额在5 000元以上（见表6-4）。从空间分布情况来看，调查区内的居民服务、修理和其他服务业店铺集中分布在东区，西区只有3家（见图6-60）。

表6-4　居民服务、修理和其他服务业外业调研结果

编号	门牌号（号）	经度	纬度	规模	经营内容	月营业额（元）	开张年份（年）	营业时长（小时）
1	金溪路17	120.917 369	31.039 126 65	小	理发	10 000	2000	12
2	金溪路168	120.916 846 5	31.039 306 92	小	理发	5 000	2021	10
3	金溪路187	120.916 645	31.039 132 44	小	筋骨养护	30 000	2016	9
4	金溪路219	120.918 023 6	31.039 029 7	小	服装加工	10 000	2009	9.5
5	金溪路242	120.919 913 3	31.038 496 1	小	修车	1 000	2013	13.5
6	金溪路248	120.918 204 2	31.038 984 77	中	计算机运维	2 500	1998	8
7	金溪路252	120.918 237 7	31.038 999 32	中	理发	6 500	2010	12
8	金溪路272	120.919 66	31.038 585 71	小	修车	5 000	1997	10
9	金溪路30	120.916 645	31.039 132 44	小	筋骨养护	30 000	2016	9

续　表

编号	门牌号（号）	经度	纬度	规模	经营内容	月营业额（元）	开张年份（年）	营业时长（小时）
10	金溪路41	120.918 622 1	31.038 835 49	中	理发	10 000	2005	13
11	金溪路48	120.919 278	31.039 026	小	理发	5 000	2021	10

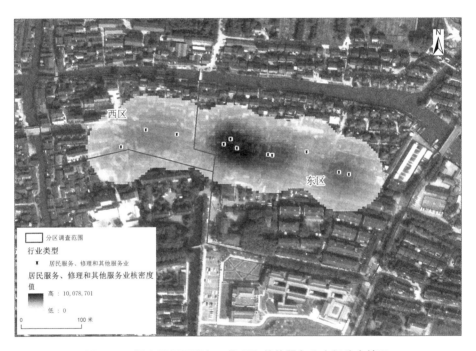

图6-60　调查区居民服务、修理和其他服务业空间分布情况

（3）服务性行业调研结果数据分析

① 服务性行业店铺营业规模

调查区内的服务性行业店铺共有80家（除了前述3类典型服务性行业店铺外，调查区内还有信息传输、软件和信息技术服务业店铺3家），其中小规模店铺有54家，中规模店铺有20家，大规模店铺有6家（见图6-61）。

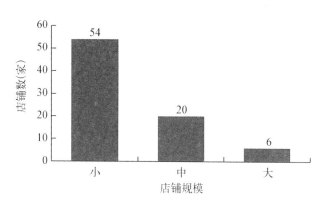

图6-61　调查区服务性行业店铺规模

② 各服务性行业种类店铺数

调查区内共有餐饮业店铺16家，居民服务、修理和其他服务业店铺11家，批发和零售业店铺50家，信息传输、软件和信息技术服务业3家。总体来说，调查区内批发与零售业店铺占比较高（见图6-62）。

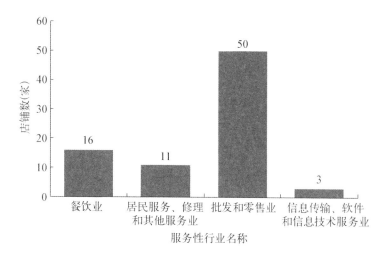

图6-62　调查区各服务性行业店铺数

③ 服务性行业店铺月营业额

调查区内的店铺月营业额在2万元及以下的有50家，月营业额在2万元至10万元之间的店铺有24家，月营业额在10万元以上的店铺有6家（见图6-63）。

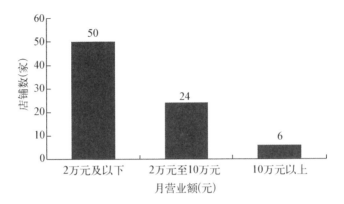

图6-63　调查区服务性行业店铺月营业额

④ 服务性行业店铺营业时长

调查区内的店铺营业时长为8小时和12小时的最多，各有10家；营业时长为10小时、13小时、14小时、15小时的店铺其次，各有六七家；营业时长为11.5小时、12.5小时、13.5小时、16小时的店铺各有三四家（见图6-64）。调查区内的店铺平均营业时长约11.8小时，不同经营内容的店铺的营业时间及营业时长与日间居民活动时间基本吻合。

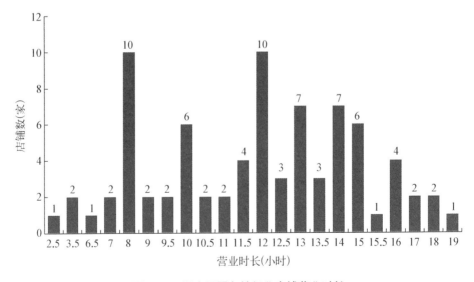

图6-64　调查区服务性行业店铺营业时长

（4）商业活力指数评价分析结果

本次实习采用前文所述的服务性行业商业活力指数开展调查区的商业活力评估。由于部分二级指标中的值不适合采用定距测度的方法来测度，故可采用其他的测度方法，比如营业指数中的开业时间适合采用定序测度方法来测度。因此，在进行评价之前，我们应先对其值进行定序赋值。对开业时间的定序赋值如表6-5所示。

表6-5　营业指数-开业时间定序赋值

开业时间（年）	定　序　赋　值
1990—2000	1
2001—2005	1/2
2006—2010	1/3
2011—2015	1/4
2016—2020	1/5
2021年至今	1/6

其他能够定距测度的二级指标，通过前文介绍的极差标准化方法进行数据预处理。

① 主成分分析法获取权重

结合前文介绍的主成分分析法步骤，将二级指标值数据导入SPSSPRO，进行主成分分析，对各二级指标的权重进行计算，得到的权重如表6-6所示。

表6-6　商业活力指数各指标权重

二　级　指　标	权　　重
行业聚集性指数	14.75%
行业多样性指数	13.06%

二 级 指 标	权 重
营业指数	27.52%
消费指数	12.77%
景点影响指数	15.32%
交通影响指数	16.58%

② 调查区商业活力指数

根据前文所述研究步骤与方法，最终可以得到调查区的商业活力指数（见图6-65）。从图中可以观察到，调查区商业活力指数东区高于西区，但是两区间的活力指数值差异不显著。

从行业活力指数来看，行业多样性指数东区略高于西区，说明东区店铺类型更多元化；行业聚集性指数西区略高于东区，说明就店铺分布密度而言，西区店铺密度略高于东区。

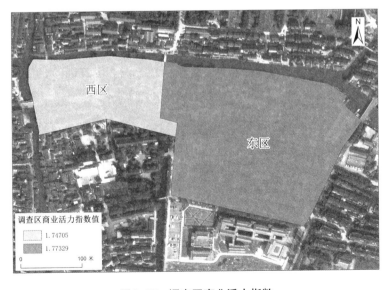

图6-65　调查区商业活力指数

从消费活力指数来看，营业时长方面，东区店铺略高于西区店铺；开业时间方面，东区开业年份较早的店铺多于西区；月营业额方面，西区店铺略高于东区店铺，同时，东区店铺月营业额处于10万元以上与2万元以下级别的两极分化趋势较为明显。总体来说，消费活力指数西区略高于东区，主要贡献来自月营业额方面的差异。

从商业影响力指数来看，调查区西部为主干道沪青平高速公路，东部为金泽古镇入口，就平均距离而言，西区由于更接近主干道，因此其交通影响指数更大，而东区由于更接近金泽古镇入口，因此其景点影响指数更大。

由以上分析可知，东区受金泽古镇景点的辐射效应影响更大，店铺的营业时长相对更长，开业年份相比西区更早，因此调查区商业活力指数总体呈东区略高于西区的态势。

（5）调查区及金泽镇服务性行业布局分析及优化建议

① 行业总体情况

调查区服务性行业可分为信息传输、软件和信息技术服务业，居民服务、修理和其他服务业，批发和零售业，餐饮业。其中，批发和零售业、餐饮业店铺数占比较大。

调查区服务性行业店铺正常营业率高，店铺营业时间多与居民活动时间吻合，也有部分24小时营业的店铺。这些店铺在提高社区居民生活便利性的同时，也增大了营收机会。月营业额大部分低于2万元，店铺经营规模较小。如果想进一步增加营业额，可以依托金泽古镇景区发展周边配套商业网点。

调查区服务性行业中存在开业年份较为久远的店铺，以批发和零售业、餐饮业为主。现存开业最早的店铺开业时间为1990年，但开业时间和月营业额之间不存在明显的正相关关系。此外，开业年份越久的店，营业时间也相对较短。

② 空间分布情况

调查区服务性行业店铺主要集中在金泽古镇景区周边，以及古镇旁的北胜浜和金泽塘沿岸，呈带状分布。其中，居民服务、修理和其他服务业店铺主要集中在调查区中部；餐饮业店铺主要集中在调查区东部；批发和零售业店铺较均匀地分布在调查区道路两侧；信息传输、软件和信息技术服务业店铺较少，呈零星分布状态。

③ 优化建议

金泽古镇位于上海市青浦区金泽镇辖区内，是青浦区知名的旅游景点。金泽古镇内的服务性行业主要集中在北胜浜和金泽塘附近的金溪路，呈带状分布，越靠近金泽古镇，服务性行业分布越密集。但是，从西区和东区的商业活力指数分析结果来看，更靠近金泽古镇景区的东区相比靠近主干道的西区未显著表现出更高的商业活力指数。因此，古镇景点对周边服务性行业的带动作用并未充分显现，以古镇特色带动产业发展的格局尚未显著形成。建议根据古镇特色，比如古桥特色和水乡文化，进一步进行商业潜力方面的发掘，从而带动旅游业发展，激发经济活力。另外，加大莼菜、金泽状元糕、梅花糖豆等地方特产的宣传力度，提高古镇饮食文化吸引力。金泽古镇还应结合长三角生态绿色一体化发展示范区的规划和市委、区委"十四五"规划部署，进行产业结构调整，紧紧围绕区委对青西发展提出的"五个率先"——率先打造世界著名湖区、率先打造创新经济中心、率先打造生态价值高地、率先打造江南水乡典范、率先打造乡村治理样板，在融入长三角生态绿色一体化发展的关键时期，全力推进落实发展规划项目，打造具有青浦金泽地方特色的水乡典范。

第七章

▽

GIS 三维建模与系统开发实习

7.1 建筑物三维建模

7.1.1 实习目的

建筑物三维实景建模是运用测距仪、数码相机或激光扫描仪对建筑实体进行参数测量与多角度拍摄，并利用三维实景建模软件进行处理生成的一种三维虚拟展示技术。该技术可以在地理信息系统软件平台上展现三维建筑模型的地理位置、物理参数和纹理，因此对于城市管理系统建设、工程应用、城镇规划改造、水利水电、人文景区管理等领域有重要的应用价值。本次实习的主要目的有：

（1）帮助学生掌握外业工作中采集建筑物理参数和纹理数据的方法。

（2）使学生学会在三维实景建模软件SketchUp中构建单体建筑实景模型的方法。

（3）使学生学会在地理信息系统软件ArcScene平台上展示建筑物三维实景模型的方法。

（4）培养学生理论联系实际、分析问题和解决问题的能力，使学生具有严谨认真的科学态度、实事求是的工作作风、吃苦耐劳的精神品质以及团结协作的集体观念。同时，该实习也可使学生在业务组织能力和实际工作能力方面得到锻炼，为今后从事相关工作打下良好基础。

（5）通过实现ArcScene数据与SketchUp数据交互的案例，启发学生建立数据融合的基本思维。

7.1.2 实习要求

学生以小组为单位完成本次实习工作，最终需提交的成果包括：

（1）构建实习区域内所有指定的建筑物三维模型，将通过 SketchUp 软件构建的每栋建筑的单体模型（含纹理）以建筑编号为文件名，分开存储为 .dae 格式。

（2）将所有构建好的建筑三维模型导入 ArcScene 平台中，能与测区高清底图以及建筑轮廓矢量数据相叠加，三维建筑单体位置需正确，纹理信息需完整显示。

7.1.3 实习注意事项

在进行建筑物三维建模外业数据采集时，需要确保采集到的建筑物理参数（长、宽、屋檐高度、屋顶高度等）和立面纹理信息尽可能的准确详尽，以保证模型构建的高准确度和精度。在客观条件不允许的情况下，应记录具体哪一栋楼的哪些数据无法采集到。在物理参数数据无法采集时，可采用合理的方法进行估测；在纹理信息无法采集时，可适当使用相似的纹理进行替代。

外业工作中，学生应按组合理分工，如一部分学生测量物理参数，一部分学生拍摄纹理照片，一部分学生负责现场记录，等等，可通过画草图对实体建筑进行编号等方式记录数据与建筑楼栋的对应关系。

得到实习区的建筑物纹理照片之后，可在建模前视情况对照片进行一些处理。选择清晰、变形扭曲小的照片，使用 Photoshop 等图像处理软件对其进行裁剪处理，去掉照片上不属于建筑纹理的部分。

7.1.4 实习设备与软件介绍

本次实习使用 SketchUp 2020 版进行单栋三维实景建筑的构建，其工作界面如图 7-1 所示。SketchUp 是一款可用于创建、共享和展示 3D 模型的软件，通过一个使用简单、内容详尽的颜色、线条和文本提示指导系统，让用户不必键入坐标，就能跟踪位置和完成相关建模操作。SketchUp 的优点在于其优秀的人机交互界面。该界面融合了铅笔画的优美与自然笔触，可以迅速地建构、显示和编辑三维建筑模型，同时可以导出透视图、dwg 或 dxf 格式的 2D 向量文件等尺寸正确的平面图形。用户在创作过程中可以通过刻画、推/拉、移动、旋转、缩放、测量等工具直观地构建三维物体，因此它是三维建筑设计方案创作的优秀工具。这些优点使其成为简便易学的强大工具，一些不熟悉计算机建模的设计用户也可以很快掌握。

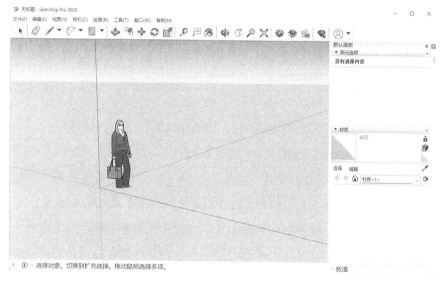

图 7-1　SketchUp 2020 版软件工作界面

和其他广泛使用的建筑建模设计软件相比，SketchUp 是一套能直接面向设计方案创作过程而不只是面向渲染成品或施工图纸的设计工具。其创作过程不仅能够充分表达设计者的思想，而且完全满足设计者与读者即时交流的需要，与设计者用手工绘制草图的过程很相似，同时其成品导入其他着色、后期、渲染软件可以继续形成照片级的效果图。作为目前市面上为数不多的直接面向设计过程的设计工具，它使设计者可以直接在电脑上进行十分直观的构思，随着设计者构思的不断清晰，细节不断增加，最终形成的模型可以直接交给其他具备高级渲染能力的软件进行最终渲染。这样，设计者可以最大限度地减少机械重复劳动和控制设计成果的准确性。

本次实习也使用了ArcGIS Desktop软件包。其中，我们用ArcMap参照高清遥感影像对建筑的轮廓进行数字化，生成二维建筑矢量轮廓，用ArcScene作为展现三维建筑群的平台（见图7-2）。ArcScene是ArcGIS Desktop的一款子软件，是一个适用于展示三维透视场景的平台。其可以在三维场景中漫游并与三维矢量与栅格数据进行交互，与SketchUp软件构建的三维建筑模型数据（collada格式）也能够实现兼容。

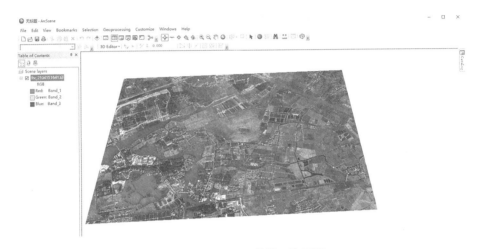

图7-2 ArcScene软件工作界面

7.1.5 实习内容

本次实习通过SketchUp 2020版软件构建建筑物单体三维模型，并在ArcScene地理信息平台中将构建好的各单体建筑模型依次导入，以高清遥感影像为底图，综合展现实习区域建筑群的三维实景风貌。实习的具体内容有：

（1）建筑物立面纹理信息采集。

（2）建筑边长与高程信息采集。

（3）应用SketchUp 2020版软件进行独栋建筑的三维模型构建。

（4）应用ArcScene融合高清遥感影像和三维建筑群模型，进行综合展示。

7.1.6　实习路线

本次建筑物三维实景建模实习的区域位于上海市青浦区莲湖村和青浦区金泽古镇。莲湖村内学生分成四组，分别负责不同区域的外业数据采集和内业模型构建工作（见图7-3）。

图7-3　建筑物三维实景建模实习区域

7.1.7　实习操作流程

1. 建筑信息数据采集

（1）建筑边长与高程信息采集：采用测距仪测量、走访居民、水准尺参照等方式获取建筑的高程信息（到屋檐，即立面顶部）；关于建筑各立面的长度信息，可直接在测绘底图或高清遥感影像上对建筑轮廓进行数字化后再量算，屋顶高度可自行估算（见图7-4）。

图7-4 学生现场采集建筑物物理参数与纹理信息

（2）立面纹理信息采集：每栋建筑需拍摄至少四个立面且保证照片包括屋顶材质部分（见图7-5），同时参考测绘底图和高清遥感影像图记录每张照片对应的立面朝向。

图7-5 建筑立面纹理照片，上图依次为该建筑的北面（a）、南面（b）、东面（c）及屋顶（d）的立面示例图——以上海师范大学环境与地理科学学院地理信息科学专业实习基地为例

2.建筑三维实景模型构建

（1）三维基础模型创建

打开ArcMap软件，加载连湖村高清遥感影像图，创建一个地理信息数据库（Geodatabase），在其中新建一个数据集"建筑"，格式为多边形（polygon）（见图7-6）。

图7-6　ArcMap中用来存储建筑三维模型的地理信息数据库（Geodatabase）

加载"建筑"数据集，对其开启编辑模式，并对建模范围内的建筑轮廓进行数字化（见图7-7）。建议将矩形Rectangle作为数字化的方式，以方便后续在SketchUp中建模。

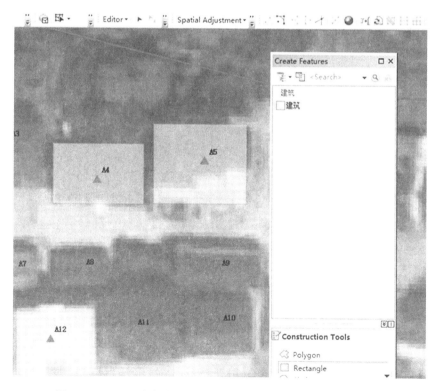

图7-7　ArcMap中数字化建筑轮廓，生成二维建筑轮廓矢量数据

数字化结束后，生成二维建筑轮廓矢量数据。打开图层属性表，将建筑的高程（height）和编号（ID）数据通过新建字段（add field）的方法，在属性表中添加（见图7-8）。注意每栋建筑矢量轮廓的编号（ID）需要和现场采集数据时给建筑的编号一致，以使建筑矢量轮廓数据和现场采集的纹理照片相对应。

Table

建筑

OBJECTID *	SHAPE *	SHAPE_Length	SHAPE_Area	height	ID
1	Polygon	54.2398	175.401525	4.5	A4
2	Polygon	61.2512	232.643108	5.75	A5

表

建筑

OBJECTID *	SHAPE *	SHAPE_Length	SHAPE_Area	hight	ID
17	面	23.70817	34.408073	3.4	A1
27	面	44.614815	124.149776	5.5	A10
26	面	49.63208	153.94358	5.7	A11
25	面	50.651559	159.812291	6.6	A12
24	面	50.207765	157.527151	6.4	A13
23	面	60.784672	230.914516	6.2	A14
22	面	23.2832	33.780906	4.5	A15
39	面	49.1066	130.957666	3.8	A16
41	面	43.410065	109.095364	3.6	A17
42	面	40.606124	99.328034	3.6	A18
43	面	35.1366	76.612432	3.4	A19
4	面	57.9966	209.676492	5	A2
5	面	61.85258	238.934505	5.2	A3
6	面	52.470966	160.484076	4.5	A4
7	面	62.655584	241.711238	5.75	A5
18	面	50.804994	146.773756	2.9	A6
19	面	34.679297	74.418272	4.1	A7
20	面	34.032757	70.78841	3.7	A8
21	面	53.7634	159.946213	3.8	A9
8	面	65.849277	269.355099	7.5	B1
28	面	46.577363	127.956447	6.67	B10
29	面	49.493614	151.164955	8.88	B11
30	面	26.913874	41.308077	3.69	B12

图7-8　ArcMap中在建筑轮廓矢量数据属性表中添加"height"和"ID"字段

打开ArcScene软件，加载高清遥感影像图和数字化后的建筑轮廓（shp），点击图层属性（Properties），选择拉伸（Extrusion）选项卡，将"建筑"图层的高程（height）字段信息设置为拉伸的依据（见图7-9）。拉伸后，二维建筑矢量轮廓数据以三维的方式呈现（见图7-10）。

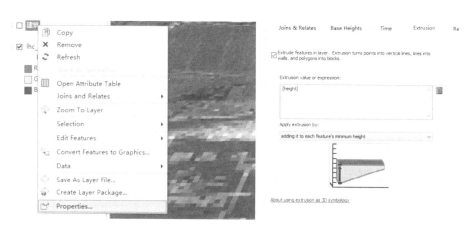

图7-9　在建筑轮廓矢量数据属性表中添加"height"和"ID"字段（ArcScene平台）

图7-10　基础三维建筑轮廓模型（ArcScene平台）

通过ArcToolbox中的"Layer 3D to Feature Class"工具将"建筑"图层转换为Multipatch格式的图层（见图7-11），要注意的是，输出的数据必须和"建筑"图层存储在同一个Geodatabase下，否则将在导入SketchUp构建的三维建筑实景模型时造成纹理信息丢失。

将Multipatch格式的图层再转换成collada格式的图层（即SketchUp软件可识别的格式），转换后导出时在"Use Field Name"中选择"ID"字段

（见图 7-12、图 7-13），保证输出的每个 collada 格式的三维模型都能和建筑编号对应。

下一步将进行 SketchUp 平台三维建模的演示，这里以位于上海市青浦

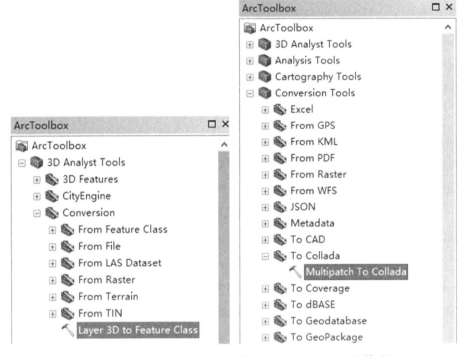

图7-11　ArcToolbox 下的 "Layer 3D to Feature Class" 工具（ArcScene 平台）

图7-12　ArcToolbox 下的 "Multipatch To Collada" 工具（ArcScene 平台）

图7-13　"Multipatch To Collada" 工具（ArcScene 平台）

区金泽古镇的"状元楼"为例。

据史料记载，状元楼由清末一位金泽举子考中状元后修建，清光绪中叶1891年改为茶馆对外营业，为金泽镇百年老店。据《青浦史志》记载：状元楼茶馆有楼上楼下，茶楼西、南两面临河，环境幽雅。楼下的客人大多是农民和渔民，楼上的客人大多是商人和镇上的头面人物。客人们边饮茶边议论政治、经济方面的事情。状元楼是金泽古镇的一个传播新闻、交流思想的中心。2023年，状元楼二楼公共空间改造为"青溪书房"并作为青浦区"城市书房"建设的一部分正式向公众免费开放，百年茶楼再次焕发新的生机。因此，选择状元楼这一人文历史建筑来演示具有一定的代表性和地方特色。

在SketchUp 2020版中打开导出的collada格式文件，即为带有边长和高程数据的三维基础模型（见图7-14）。

下一步通过"文件"→"导入"，导入建筑纹理信息（见图7-15）。

首先，使用"偏移"工具将屋顶面向外拉伸适当距离以体现屋檐凸出部

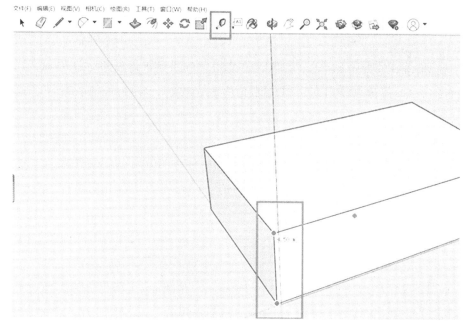

图7-14　三维建筑基础模型（SketchUp平台）

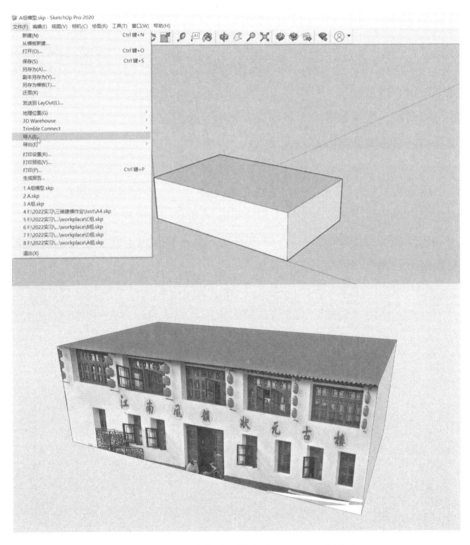

图 7-15 导入建筑纹理信息（SketchUp 平台）

分，"偏移"工具可以通过输入偏移距离或拖动鼠标在距现有对象指定的距离处创建对象。然后，使用画笔"直线"工具绘制屋顶侧截面的形状，"直线"工具可以用来画单段直线、多段连接线或者闭合的形体，也可以用来分割表面或修复被删除的表面。"直线"工具能让用户快速且准确地画出复杂的三维几何体。建筑各立面的长度信息可直接在测绘底图或高清遥感影像图上进行量算，屋顶高度需要根据实际情况自行估算。最后，使用"路径跟随"工具构建出建筑的三维立体屋顶。具体步骤如下：使用"偏移"工具选择屋顶面后向外侧移动，绘制出屋檐凸出部分（见图7-16 a）；激活"直线"工具，点击确定线段的起点，往画线的方向移动鼠标，即可画出一条线段，通过多条线段的组合可以绘制出屋顶侧面的形状（见图7-16 b）；选择屋檐凸出部分作为路径和屋顶侧面，使用"路径跟随"工具构建出屋顶的三维立面（见图7-16 c）。画完屋顶后，对建筑所有立面和屋顶进行纹理贴图，即基于现场拍摄的照片进行粘贴，完成后的状元楼三维模型如图7-17所示。

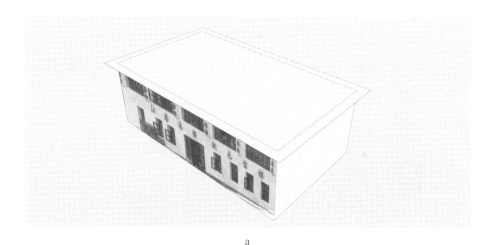

a

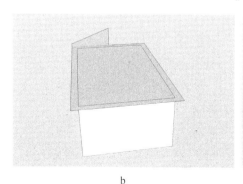

b

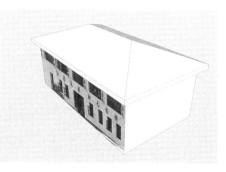

c

图7-16　三维建筑屋顶构建（SketchUp平台）

图7-17　上海市青浦区金泽古镇状元楼实景建筑模型（SketchUp平台）

使用相同的方法对莲湖村居民建筑进行单体建模，建模完成的居民建筑示例如图7-18所示。

图7-18　上海市青浦区莲湖村单栋三维实景建筑模型（SketchUp平台）

对于较为复杂的建筑体，可以通过将多个简单的建筑体进行拼接与组合完成构建（见图7-19）。最后，将在SketchUp平台中构建好的单体三维建筑模型一一导出（"文件"→"导出"→"三维模型"），按照楼栋编号保存成和基础建筑模型相对应的另外一个collada格式的副本（见图7-20）。

图7-19 采用组合的方式构建复杂的三维实景建筑模型（SketchUp平台）

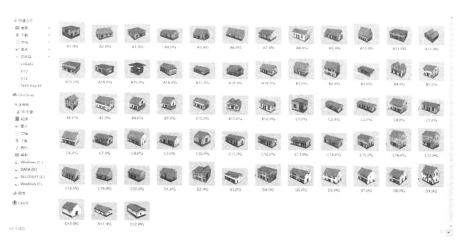

图7-20 导出的三维实景建筑模型

（2）基于多源地理信息数据的建筑群三维实景建模

在ArcScene平台中，使用"3D编辑器"对原Multipatch模型进行替换，即用SketchUp导出的collada格式的三维建筑模型替换Multipatch模型。图层叠放时建议将Multipatch格式的图层叠放在图层列表的最上方，否则会出现模型替换功能无法使用的情况。最后，将实习区域内的三维实景模型依次导入，完成实习区域的建筑群三维建模（见图7-21）。

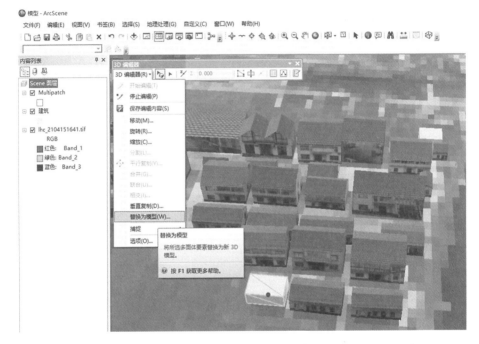

图7-21　将SketchUp中构建的三维建筑实景模型导入ArcScene平台

7.1.8　学生实习成果展示

学生的三维建筑实景建模成果如图7-22至图7-26所示。

普济桥坐落于金泽镇南首，于1987年被列为上海市第四批文物保护单位，是金泽镇最古老的石桥之一，因桥畔有圣堂庙，故俗称"圣堂桥"。普济桥建于南宋咸淳三年（1267年），明清两代重修过。这座桥不但沟通了金泽上塘街、下塘街，又能通往颐浩禅寺，在当时的金泽起到水陆交通枢纽作用。普济桥为单孔石拱桥，桥长26.7米，桥高5米。桥主体由紫色矿石砌就，每当雨过天晴，阳光照射在桥上，紫石发光，晶莹光泽，宛如一座用珠宝相嵌的宝石桥。当代桥梁专家唐寰澄先生称："论上海古桥之大，唯朱家角放生桥；论上海古桥之古，当推金泽普济桥。"

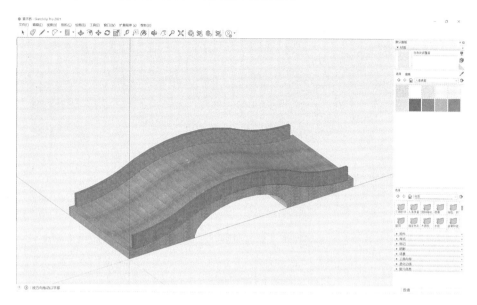

图7-22　单体建筑三维实景建模：上海市青浦区金泽镇普济桥（SketchUp平台）

图7-23　单体建筑三维实景建模：上海长三角城市湿地生态系统国家野外科学观测研究站地理信息科学专业实习基地（SketchUp平台）

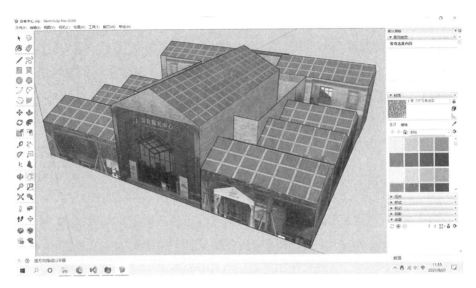

图7-24 单体建筑三维实景建模：青西郊野公园游客服务中心（SketchUp 平台）

图7-25 建筑群三维实景建模：上海市青浦区莲湖村部分区域（鸟瞰）（ArcScene 平台）

图 7-26　建筑群三维实景建模：上海市青浦区莲湖村部分区域（侧视）（ArcScene 平台）

7.2 地理信息系统开发

7.2.1 实习目的

地理信息系统开发是地理信息科学专业的本科生必不可少的实习任务。学生通过地理信息系统的开发与设计，可以充分了解系统开发技术与流程，将理论知识与实践操作相结合，增强对系统开发的理解和认识，培养系统设计理念，提升用户需求分析能力，深入理解 GIS 技术在社会生产生活中的作用及其应用领域，激发对地理信息系统开发技术的学习兴趣。本次实习的具体目的如下：

（1）加深学生对地理信息系统原理、数据库原理、GIS 设计、GIS 二次开发等课程理论的理解，强化应用。

（2）帮助学生掌握地理信息系统中数据信息可视化展示、空间查询等功能的开发方法。

（3）帮助学生建立系统设计的概念，培养学生独立完成系统功能、业务逻辑、界面、数据库等的设计能力。

（4）使学生明确地理信息系统开发设计的基本流程。

7.2.2　实习要求

5～6人为一个项目组，并选定项目组组长，共同讨论确定项目组开发方案并制订相应的开发计划，协调任务分工，逐步完成数据入库、开发环境搭建、系统开发、项目书撰写、项目验收汇报等工作。具体要求如下：

（1）构建金泽镇空间数据库，自选系统架构（桌面GIS或WebGIS），设计并开发"金泽镇地理空间展示系统"（系统名称也可自拟），实现专业实习相关成果的展示、查询与分析功能。

（2）数据库内应包括湿地植物群落遥感解译、地籍测量、无人机航摄、建筑物三维建模、服务性行业调研相关的所有成果数据。

（3）该系统的功能应包括：

① 在地图上展示陈云纪念馆的空间位置、照片、简介信息等。

② 空间可视化展示湿地植物群落遥感解译、地籍测量、无人机航摄、建筑物三维建模、服务性行业调研相关的所有制图成果，并提供地图基本操作、空间查询、属性查询、多媒体信息联动展示等功能。

（4）"金泽镇地理空间展示系统"成果要求：

① 展示金泽古镇的服务性行业点数据，包含服务性行业空间位置信息、属性信息（行业类型、规模、经营内容与范围、经营状况等）。

② 展示服务性行业点的照片。

③ 展示服务性行业数据统计图表。

④ 展示空间分析结果图。

⑤ 以文字形式在系统中展示服务性行业布局问题分析的结果以及布局优化建议。

（5）每个小组应按上述要求完成地理信息系统的开发，自行设计系统功能模块、业务逻辑和系统界面等。开发的地理信息系统、相关的空间数据以及功能需在电脑上测试通过，并附说明文档以阐明运行该系统所必需的软件环境。

（6）每个小组需制作系统介绍视频，简要介绍该系统内开发的功能，以及能够展示和查询的各类信息和分析结果等。

7.2.3 实习注意事项

（1）各小组成员需按时提交实习报告，报告中应明确任务分工，不提交报告者成绩为零。

（2）实习报告由各项目组组长负责收齐，并将报告电子版（pdf格式或word格式）统一发送至指导教师邮箱。实习报告格式及要求参见附录7。

（3）各小组制作的系统介绍视频及系统相关数据，由项目组组长负责提交至指导教师邮箱。

7.2.4 实习相关技术介绍

（1）WebGIS

WebGIS即网络地理信息系统，WebGIS技术是基于Internet技术和GIS系统开发的产物，是一个交互式、分布式、动态的发布在互联网上的地理信息系统。与传统GIS相比，WebGIS更具灵活性，用户可以通过网络地址进行访问。其核心是通过在GIS中嵌入HTTP标准的应用体系，实现网络环境下的空间信息管理和发布。WebGIS可采用多主机、多数据库进行分布式部署，通过互联网实现互联，是一种浏览器/服务器（B/S）结构。服务器端向客户端提供信息和服务，服务器可以是本地的主机或者是远程主机、云主机。浏览器（客户端）具有获得各种空间信息和应用的功能。其具有适用性广泛、跨平台性好、成本低、操作简单、扩展性好等优点；缺点在于其有限的交互性、响应速度受网络带宽影响、超时限制、数据安全性等问题。

Web技术主要包括HTML、CSS、JavaScript等。相比于其他技术和编程语言，Web技术具有难度低、上手快的特点。WebGIS整合了GIS与Web技术，具有投资少、发布速度快、扩展性好、跨平台性好、分布式存储、可远程操作、数据来源广、直观鲜明等特点。WebGIS 是一种大众 GIS，扩展了 GIS 的潜在用户，推进了 GIS 技术的发展与进步。WebGIS 三层架构如图 7-27 所示。

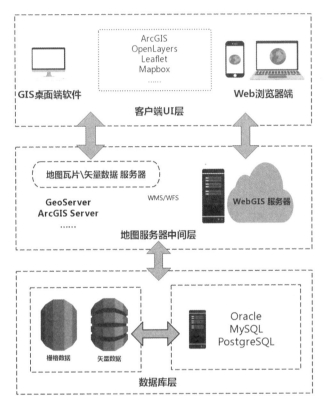

图 7-27　WebGIS 三层架构示意图

　　WebGIS 开发由客户端、Web 服务与应用服务、GIS 服务、数据服务四个部分组成。客户端是用户在 WebGIS 中与空间对象和分析功能进行交互的场所。Web 服务器通过 HTTP 响应来自 Web 浏览器的请求。当 Web 服务器将请求传递给其他程序时，它会从应用程序服务器请求服务。应用程序服务器是 Web 服务器和 GIS 服务器之间的转换器或连接器。GIS 服务器是 WebGIS 中的一个主要组件，可以实现空间查询、空间分析、数据可视化等功能，主要的开源 GIS 服务器有 GeoServer、MapServer、Mapnik、MapGuide、QGIS

等。数据服务器在关系或非关系数据库结构中提供空间和非空间数据。读者可访问由 OSGeo 中国中心维护的 WebGIS 网站了解更多信息。

（2）桌面 GIS

桌面 GIS 一般是指桌面 GIS 软件。桌面 GIS 软件操作简便，具有强大的数据管理与编辑、制图可视化、三维可视化、空间分析、影像处理等功能。常见的桌面 GIS 软件有 ArcGIS、SuperMap、MapGIS、QGIS 等，它们具有空间数据输入、存储、查询、处理、分析、输出等 GIS 的基本功能。桌面 GIS 开发方式可分为独立开发、基于开源 GIS 开发、定制开发、集成二次开发。其中，集成二次开发是指基于 GIS 软件来实现 GIS 的基本功能，在编程环境中引入 GIS 开发库，进行集成二次开发。由于开发周期短且适用于开发大中型桌面 GIS，集成二次开发现已成为桌面 GIS 开发的主流方向。

ArcGIS 是一种常见的桌面 GIS 软件。基于 ArcGIS 软件进行桌面 GIS 的开发有四种方式：

① 基于 ArcGIS Desktop 软件定制开发，这种方式是在 VBA 开发环境中开发在 ArcGIS Desktop 软件中应用的工具或宏。

② 采用动态链接库（Dynamic Link Library，DLL）编程进行桌面 GIS 软件的扩展。

③ 基于 .NET、Java 或者 Python，利用插件（Add-in）方式扩展 ArcGIS 桌面程序。

④ 在 .NET、Java 等开发环境中，引入 ArcGIS Engine 对象库，进行应用开发。所开发出的软件独立于 ArcGIS Desktop 软件运行，但需要安装运行时的许可软件 ArcGIS Engine Runtime。

前三种开发方式中，开发的程序都必须在 ArcGIS 桌面软件上运行。考虑到实际应用中软件的独立性和软件部署的成本，目前最常用的开发方式是第四种，即基于 ArcGIS Engine 的开发方式。

7.2.5　实习内容

地理信息系统开发实习的主要内容有：

（1）构建GIS空间数据库，包括服务性行业布局分析、湿地植物群落遥感解译、地籍测量、虚拟仿真测绘、无人机航摄、建筑物三维建模相关的所有成果数据。

（2）构建"金泽镇地理空间展示系统"，利用空间可视化展示专业实习相关的所有成果，并提供地图基本操作、空间查询、属性查询、多媒体信息联动展示等功能。

7.2.6 实习过程与安排

（1）系统开发准备阶段：组建项目组，推选项目组组长，共同分析讨论系统用户需求，制订系统开发计划、安排时间、确定项目名称等。

（2）可行性研究阶段：查阅相关资料，了解桌面GIS与WebGIS技术的应用，选取合适的技术进行系统开发，确定开发平台及开发工具；分析系统开发所需数据、数据处理方法及系统开发的难点，协商制订初步的系统开发目标，进行系统开发可行性研究。

（3）系统分析阶段：基于需求分析，将系统需求划分为不同的需求模块，分析各个模块所对应功能的实现方法及数据需求，进行具体的任务分工。

（4）系统设计阶段：以系统需求为导向，以空间数据为驱动进行系统设计。该阶段可分为系统总体设计、系统详细设计和空间数据库设计。

① 系统总体设计：将系统需求转换为数据结构与软件体系结构。各小组需完成：

GIS软件体系结构设计：根据选定的技术方案进行客户端/服务器（C/S）体系结构设计、浏览器/服务器（B/S）体系结构设计、面向地理信息服务的WebGIS设计等。

GIS功能模块设计。

GIS用户界面设计。

编写总体设计文档。

② 系统详细设计：确定如何实现系统各个模块功能的具体细节。各小组需完成：

细化总体设计的体系流程图，绘制程序结构图。

为每个功能模块选定算法，确定模块的接口细节、模块间的调用关系、流程逻辑。

编写详细设计文档。

③空间数据库设计：确定空间数据库的数据模型以及空间数据结构、存储方式、管理机制等。空间数据库的设计需要遵守安全、可靠、正确、完整、可扩展的原则，以支撑 GIS 软件的设计与应用。

（5）GIS 实施阶段：该阶段各项目组需完成系统实施计划制订、系统开发的组织管理、程序代码的编写、系统调试及系统文档撰写等工作。

（6）GIS 测试与评价阶段：该阶段包括 GIS 软件测试与 GIS 软件评价两部分。

GIS 软件测试按是否查看代码分类，有白盒测试（即代码测试）、黑盒测试（即功能测试）；按测试对象分类，有安全测试、兼容测试、性能测试。

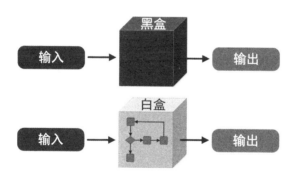

图 7-28　GIS 软件测试示意图

GIS 软件评价：对 GIS 软件的技术因子、经济因子和社会因子进行评价，从而得出对系统整体水平以及系统实施所能取得的效益的认识和评价。

技术因子：GIS 运行效率、安全性、可扩展性和可移植性等。

经济因子：软件的可用性、技术支持与服务能力、软件维护与更新、开发管理等。

社会因子：系统科学价值、社会效益等。

（7）结题汇报阶段：制作系统介绍视频，撰写实习报告，由项目组组长汇报项目执行情况，各项目组成员汇报自己在项目中的工作内容，教师进行评估与成绩评定。

7.2.7　学生实习成果展示

1. WebGIS 开发——青西地区地理空间展示系统

本部分展示学生基于 WebGIS 开发的青西地区地理空间展示系统，该系统的功能模块设计如图 7-29 所示。

图 7-29　青西地区地理空间展示系统的功能模块

（1）开发过程

① 开发模式与开发环境

小组使用 B/S 系统架构，采用 Web 程序设计方式，基于 ASP.NET 组件开发了青西地区地理空间展示系统。该系统包括外业获取和内业处理的所有空间、非空间数据及文档资料，可在浏览器端运行和调试。

ASP.NET 是基于 Microsoft 应用程序开发框架 .NET Framework 的 Web 开发平台。ASP.NET Web 窗体是网站开发常用的开发模式，它包含 XHTML、ASP.NET 控件等用于页面呈现的标记，以及采用 .NET 语言（如 C#）处理页面和控件事件的代码。ASP.NET 网站的开发可以选用一种 .NET 编程语言。该项目组制作的青西地区地理空间展示系统全部页面均采用 C# 语言开发。

系统的设计与实现选用 Visual Studio Community 2019（VSC 2019）作为

开发平台（见图7-30）。该平台包含了创建Web应用程序所需的所有功能和工具，为ASP.NET网站开发提供了方便的开发环境。

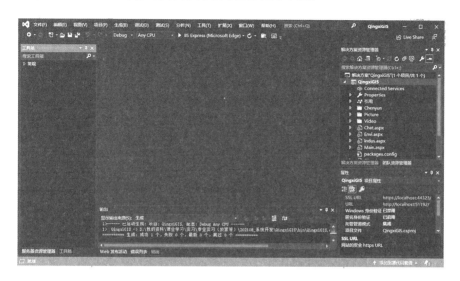

图7-30 Visual Studio Community 2019（VSC 2019）界面

② 项目管理与母版页设计

在VSC 2019中新建ASP.NET Web应用程序（.NET Framework）并命名为"QingxiGIS"，在同一目录中创建同名的解决方案以便于有效管理该网站（见图7-31）。

图7-31 项目创建

考虑到开发的系统要符合特定的主题风格和配色方案，宜采用母版页方式集中处理各页面的通用功能。利用母版页可以方便快捷地建立统一页面风格的 ASP.NET 网站，并且容易管理和维护，从而大大提高网站设计效率。在新建的项目中创建一个母版页，该母版页采用常见的上中下页面布局，其中，中部的内容页包含要与母版页合并的内容，可以在其中添加用户请求该页面时要显示的文本和控件等。

在母版页中插入表格（利用 HTML 元素〈table〉），利用该表格管理页面的空间布局。在母版页顶部添加青西地区代表性图片和"江南水韵，世界湖区""青西地区地理空间展示系统"等文字；创建超链接（Web 服务器控件 HyperLink）作为导航栏，在这些超链接上分别添加文字"首页""走进青西""红色星火""生态人文""产业发展"及"互动交流"并链接到之后创建的相应内容页。在母版页底部加入学校的地址和版权信息。

③ 内容页设计与效果预览

新建六个基于母版页的 Web 窗体（内容页）（见图 7-32），分别命名为"Main.aspx""Qingxi.aspx""Red.aspx""Envi.aspx""Indus.aspx""Chat.aspx"，对应母版页导航栏中的六个栏目。

在内容页"Main.aspx"中添加滚动的宣传标语（利用 HTML 元素〈marquee〉）、自动切换的实习照片（利用 JavaScript 中的循环语句）、实习区域地图、实习纪要及学院院训（见图 7-33）。

在其余五个内容页中均插入一个两列表格，表格左列放置若干按钮链接（Web 服务器控件 LinkButton），右列放置同样数量的面板（Web 服务器控件 Panel），左侧的按钮链接用于控制右侧相应面板的可见性。

在内容页"Qingxi.aspx"中添加青

图 7-32　Web 窗体创建

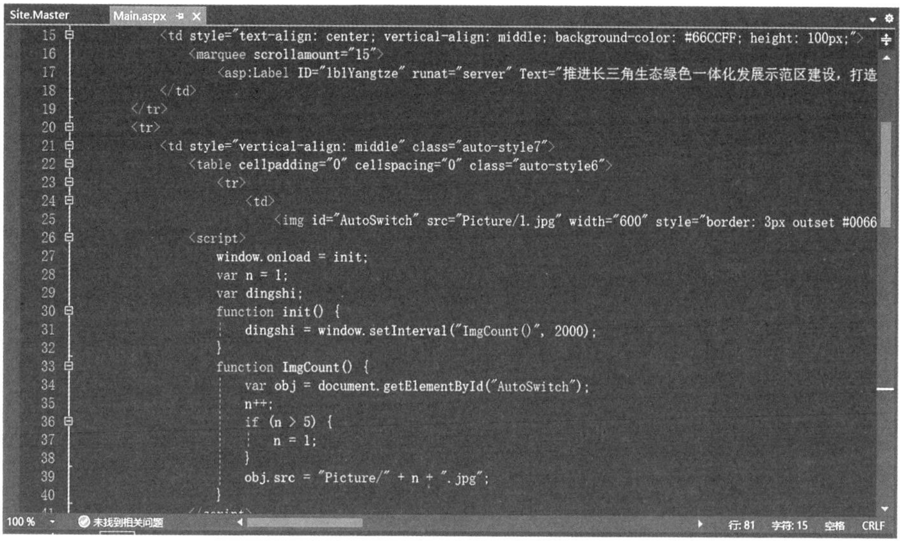

```
15    <td style="text-align: center; vertical-align: middle; background-color: #66CCFF; height: 100px;">
16        <marquee scrollamount="15">
17            <asp:Label ID="lblYangtze" runat="server" Text="推进长三角生态绿色一体化发展示范区建设，打造
18        </td>
19    </tr>
20    <tr>
21        <td style="vertical-align: middle" class="auto-style7">
22            <table cellpadding="0" cellspacing="0" class="auto-style6">
23                <tr>
24                    <td>
25                        <img id="AutoSwitch" src="Picture/1.jpg" width="600" style="border: 3px outset #0066
26            <script>
27                window.onload = init;
28                var n = 1;
29                var dingshi;
30                function init() {
31                    dingshi = window.setInterval("ImgCount()", 2000);
32                }
33                function ImgCount() {
34                    var obj = document.getElementById("AutoSwitch");
35                    n++;
36                    if (n > 5) {
37                        n = 1;
38                    }
39                    obj.src = "Picture/" + n + ".jpg";
40                }
```

图 7-33　内容页滚动宣传标语实现代码

西地区的基本情况介绍、无人机航摄和建筑物三维建模成果，并利用高德开放平台（高德地图 API）实现该地区的地图浏览。

在内容页"Red.aspx"中图文并茂地展示陈云纪念馆的内部陈设，通过按钮的 Click 事件实现照片的手动切换。

在内容页"Envi.aspx"中添加湿地植物群落遥感解译与调查、地籍调查的成果以及青西地区社会文化的详细介绍。

在内容页"Indus.aspx"中加入调研所得的金泽古镇服务性行业空间位置与经营状况信息，利用下拉列表（Web 服务器控件 DropDownList）控制相应图表的切换展示。

在内容页"Chat.aspx"中展示学院和实习团队的简介及联系方式（点击邮箱可以发送邮件），利用 Web 服务器控件 PlaceHolder 实现动态留言展示功能。

按下 CTRL 和 F5 键，浏览系统界面（见图 7-34）并测试其各项功能。

（2）功能说明

青西地区地理空间展示系统总共分为六个板块，分别为首页、走进青

图7-34　系统界面

西、红色星火、生态人文、产业发展、互动交流。

① 首页：这一板块主要包含滚动的宣传标语"推进长三角生态绿色一体化发展示范区建设，打造世界级滨水人居文明典范"、自动切换的实习照片、实习区域地图、实习纪要、实习的具体内容和时间安排及学院院训"把论文写在祖国大地上"等（见图7-35、图7-36）。

图7-35　"首页"板块功能示意图（1）

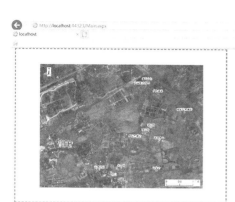

7月5日（周一）：金泽镇莲湖村遥感解译。上午（9:00-12:00）实地调研，基于"形色"等软件了解湿地主要植被群落组成和分布；结合卫星图像，确定5～10种典型植被群落的光谱特征和纹理特征。下午（14:00-17:00）构建典型植被群落的遥感解译标志（勾绘训练样本ROI和验证样本ROI），细化湿地典型植被群落解译方法。

7月6日（周二）：金泽镇莲湖村土地利用调查、地籍更新调查。

7月7日（周三）：GIS三维建模数据采集，无人机航摄。

7月8日（周四）：金泽古镇、朱家角服务性行业空间布局调研，大巴车回奉贤。

7月12日（周一）至14日（周三）：分小组内业数据处理，实习工作研讨。

7月15日（周四）：各小组数据整合，地图制图，实习工作研讨。

图7-36　"首页"板块功能示意图（2）

　　② 走进青西：这一板块主要包括四部分内容。第一部分"概说青西"主要介绍青西地区的基本情况。第二部分"到访青西"主要介绍青西地区的位置和可到达的交通路线（见图7-37）。第三部分"空中看青西"主要包含专业实习过程中利用无人机获取的郊野公园内野外生态气象综合观测站的低空遥感正射影像。第四部分"三维览青西"主要包括金泽镇莲湖村介绍及实

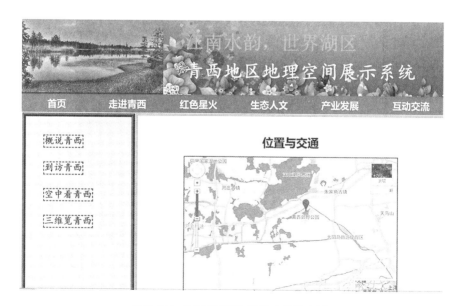

图7-37　"走进青西"板块功能示意图

习内容、青西郊野公园游客中心和实习基地（上海长三角城市湿地生态系统国家野外科学观测研究站）的三维模型成果展示。

③ 红色星火：这一板块主要包括四部分内容。第一部分"陈云生平"对陈云同志的生平进行了详细介绍。第二部分"纪念馆导览"主要包括陈云纪念馆在地图中的位置、陈云纪念馆介绍、推荐参观的顺序及到达纪念馆的自驾交通路线和公共交通路线（见图7-38）。第三部分"图说纪念馆"主要包括陈云纪念馆内部的一些图片和整个展馆的布局。第四部分"青浦革命史"主要包括1927年以来的青浦革命史以及青浦英雄烈士事迹介绍。

图7-38 "红色星火"板块功能示意图

④ 生态人文：这一板块主要包括三部分内容。第一部分"湿地植被"主要包括青西郊野公园的介绍、解译生成的湿地植物群落斑块以及青西郊野公园湿地植物群落现状分布专题图。第二部分"村落规划"主要包括莲湖村谢庄的介绍以及学生在莲湖村谢庄部分区域的地籍控制测量成果（见图7-39）。第三部分"文化青西"主要介绍青西地区的民俗文化、名胜古迹、著名人物等。

 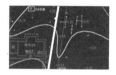

莲湖村谢庄——地籍控制测量

谢庄地处沪郊最西端的大莲湖畔，细雨莲叶何田田；这里的百姓依水而居，两岸人家接画檐。

莲湖村是由东谢庄、西谢庄和朱舍村三个自然村合并而成的。它是青西郊野公园核心区范围内唯一的原生村落，也是上海市市级美丽乡村、乡村振兴示范村之一。依托青西郊野公园生态底版，有机更新生态环境、村容村貌，莲湖村加快建设美丽宜居村庄。老房子的外墙粉刷一新、江南水墨画攀上农家墙头；岸边歇凉亭以茅草为顶；原来如蛛网般杂乱的架空线，如今已全部入地；狭窄难行的乡村小道翻修拓宽，家家门前轿车通达。

地籍控制测量包括平面控制测量和高程控制测量。本次实习的测区为莲湖村谢庄部分区域及青浦野外观测站，控制测量仅做平面控制，测图比例尺选为 1:500。采用草图法成图，在南方 CASS 软件中绘图，按照地籍图的相关要求绘制数字地籍图，然后进行图幅整饰。

图 7-39 "生态人文"板块功能示意图

⑤ 产业发展：这一板块主要包括"数说金泽"和"服务业布局"两个部分。第一部分通过图表直观展示金泽镇调研范围内各类服务性行业的数量、分布和经营状况。第二部分通过地图展示金泽镇服务性行业的分布（见图 7-40）。

金泽镇服务性行业的分布

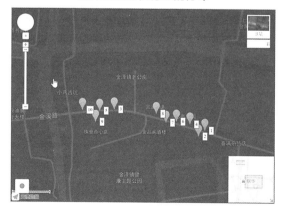

图 7-40 "产业发展"板块功能示意图

⑥ 互动交流：这一板块主要包括两部分内容。第一部分"关于我们"包括上海师范大学环境与地理科学学院的介绍和2018级地理信息科学专业班的简介。第二部分"在线留言"是一个可以相互交流的板块，可以交流此次专业实习的收获以及值得回忆的瞬间，也可以对青西地区地理空间展示系统提建议等（见图7-41）。

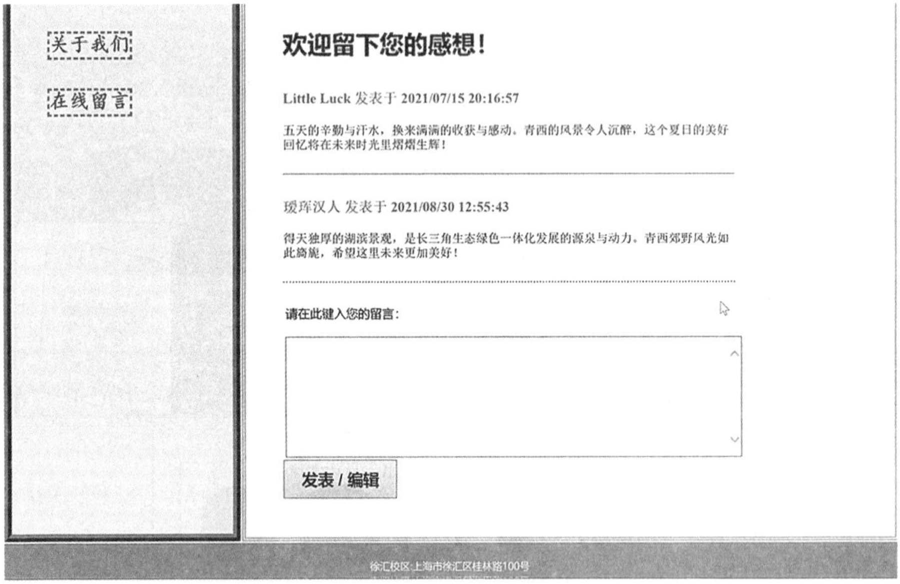

图7-41 "互动交流"板块功能示意图

2. 桌面GIS开发——金泽镇地理空间展示系统

本部分展示学生基于桌面GIS技术开发的金泽镇地理空间展示系统。

（1）开发过程

① 开发模式与开发环境

本次实习基于Visual Studio 2019、ArcGIS Engine 10.8软件进行开发，搭建桌面GIS系统框架。系统使用C#语言进行实现。ArcGIS Engine10.8的不同组件库分别封装了各类GIS功能。在.NET开发环境中，各类GIS功能被定义在不同的类库。每个ArcGIS Engine控件具有方法、属性与事件，并且能够被控件所属的容器（比如窗体Form）访问。每个控件对象及其功能可

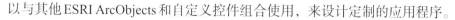

以与其他ESRI ArcObjects和自定义控件组合使用，来设计定制的应用程序。

② 开发说明

本次实习使用ArcGIS Engine 10.8中的ToolbarControl、TOCControl、PageLayoutControl和MapControl控件为应用程序提供GIS功能。使用ArcGIS Engine 10.8提供的类库，首先要添加对类库的引用。本次实习需要添加的类库主要有ESRI.ArcGIS.AxMapControl、ESRI.ArcGIS.AxLicenseControl、ESRI.ArcGIS.AxToolbarControl、ESRI. ArcGIS. AxTOCControl、ESRI. ArcGIS. Carto等，可以在Visual Studio 2019的项目工程中对所使用的类库进行引用，从而添加所需的类库。

在整个实习过程中，学生通过实地数据采集与空间数据分析收集了一系列图片资料，还制作了一些实习流程图，因此可在项目中建立一个资源文件，将一系列图片添加到项目工程中的资源文件里，便于在程序中调用（见图7-42）。

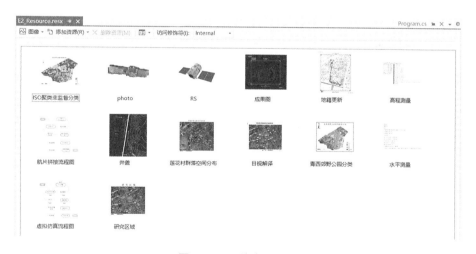

图7-42　图片资源文件

在实现该系统的过程中用到的其他Windows控件主要包括：按钮（Button）、图片框（PictureBox）、文本框（TextBox）、单选按钮（RadioButton）、标签（Label）、下拉列表框（ComboBox）、面板（Panel）等。

③ 系统的基础操作编程

"Form"窗体编程：在Visual Studio 2019编程环境下，选择"文件"→"新建项目"，在弹出的窗体中，选择基于"Visual C#"模板的"Windows窗体应用程序"，并设置好项目名称与存储位置，点击确定，即可完成项目的新建（见图7-43）。该项目会自动新建第一个窗体，名称默认为"Form1"。选中该窗体，点击右键打开其属性，可对窗体进行名称修改和设计，比如将窗体的"Text"属性设置为"金泽镇地理空间展示系统"，则该文本内容就会显示在窗体的左上角（见图7-44）。

点击按钮实现窗体间跳转功能的编程：打开"工具箱"，将按钮（Button）控件（见图7-45）用鼠标拖到窗体中的合适位置，右击控件打开其属性窗口，在"Text"属性中对控件名称进行设置。双击控件进入代码页面，对按钮的点击事件进行设置，图7-46中的代码可实现点击"Button1"按钮后跳转到"Experiment1"窗体。

面板（Panel）控件和图片框（PictureBox）控件的操作：面板（Panel）控件可以实现控件和操作空间的分组功能。在"工具箱"中找到"Panel"，

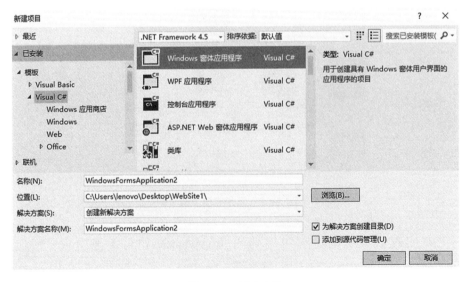

图7-43　新建窗体

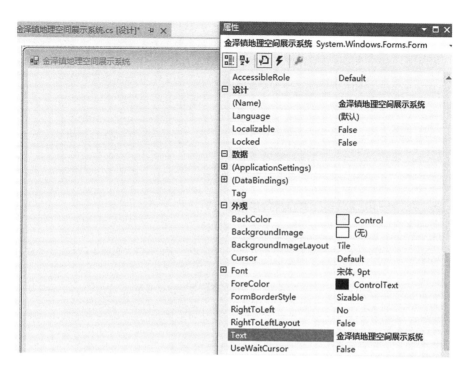

图7-44　窗体属性设置

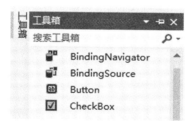

图7-45　按钮（Button）控件

```
private void button1_Click(object sender, EventArgs e)
{
    Experiment1 experiment1 = new Experiment1();
    experiment1.Owner = this;
    this.Hide();
    experiment1.ShowDialog();
    Application.ExitThread();
}
```

图7-46　点击按钮实现窗体间跳转功能的代码

拖拽到合适区域，并对其大小进行调整。可在属性窗口对面板控件的其他属性进行设置，比如在"BackColor"中对控件背景颜色进行设置（见图7-47、图7-48）。

图片框（PictureBox）控件主要用于显示图片。在"工具箱"中将该控件拖拽到合适区域（见图7-49），并对控件大小进行调整。在属性窗口点击"Image"属性，弹出"选择资源"窗口，加载项目资源文件"Properties \ Resources.resx"，将想要在图

图7-47　面板（Panel）控件

图7-48　面板（Panel）控件属性设置

图7-49　图片框（PictureBox）控件

片框控件中显示的图片资源文件导入，点击"确定"（见图7-50）。此外，还可通过"ErrorImage""InitialImage"属性分别设置图片调用出错时显示的图片和初始图片（见图7-51）。

图7-50　图片框（PictureBox）控件"选择资源"窗口

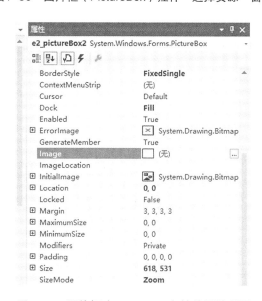

图7-51　图片框（PictureBox）控件属性设置

地图要素属性查询：通过输入关键词，能够根据要素数据的属性查询符合条件的要素。核心代码如图7-52所示。

```csharp
private void btnQuery_Click(object sender, EventArgs e)
{
  try
  {
    string searchName = this.txtQuery.Text.Trim(); //从查询文本框中获取包含关键词的查询语句
    IFeatureClass featureClass = pFeatureLayer.FeatureClass;
    IQueryFilter queryFilter = new QueryFilter() as IQueryFilter;
    IFeatureCursor featureCursor;
    IFeature feature = null;
    queryFilter.WhereClause = searchName; //设置SQL语句中的条件
    featureCursor = featureClass.Search(queryFilter, true);
    feature = featureCursor.NextFeature();
    while (feature != null) //依次选中符合条件的要素
    {
      currentMap.SelectFeature(pFeatureLayer, feature);
      feature = featureCursor.NextFeature();
    }
    IActiveView pActiveView = (IActiveView)(currentMap);
    pActiveView.Refresh(); //刷新活动视图
  }
  catch (Exception ex)
  {
    MessageBox.Show("查询出错，请重新输入查询条件。"+ ex.ToString());
  }
}
```

图7-52 地图要素属性查询核心代码

（2）功能说明

① 首页界面介绍

在金泽镇地理空间展示系统首页界面中，上方是一个可以自动切换图片的图片框，用于展示实习区域的风景；左下方展示了实习区域青西郊野公园的影像照片、学校Logo和学院标志；右下方通过文本框控件和单选按钮控件展示本系统的主要模块，包括实习区域介绍和详细实习内容两大模块（见图7-53）。

② 模块一：实习区域介绍

该模块下有3个单选按钮，点击之后会弹出对应的窗体，简要介绍实习区域的相关信息（见图7-54至图7-56）。

图7-53　首页界面

图7-54　青浦区金泽镇简介

图 7-55　青西郊野公园简介

图 7-56　野外站简介

③ 模块二：详细实习内容

模块二中包含七个单选按钮，点击进入后可查看每项实习的基本原理和小组实习成果。

实习一（湿地植物群落调查与遥感解译）

实习一的主界面（见图7-57）主要包括首页、实习简介、遥感分类方法。界面右侧设置了四个单选按钮，选择单选按钮对应的选项，在左侧PageLayoutControl控件中可分别展示调查区域的遥感影像、小组调查样本分布以及分类后的植物群落分布图等。

图7-57　实习一主界面

点击"遥感分类方法"，下拉菜单中会显示4种分类方法，分别是最大似然法、ISO聚类非监督分类法、神经网络分类法、支持向量机分类法（见图7-58）。点击对应的分类方法后，通过超链接设置，会跳转到介绍对应分类方法的网页，其代码如图7-59所示。

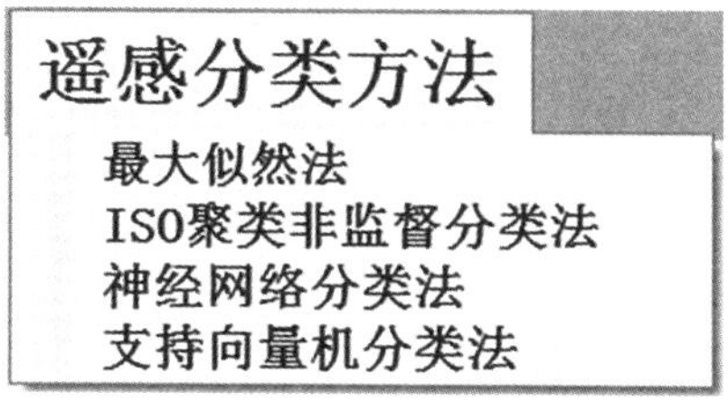

遥感分类方法

最大似然法
ISO聚类非监督分类法
神经网络分类法
支持向量机分类法

图7-58　遥感分类方法下拉选择

```
// //打开网站
1 个引用
private void max_click(object sender, EventArgs e)
{
    Process.Start("https://desktop.arcgis.com/zh-cn/arcmap/10.5/tools/spatial-analyst-toolbox/how-maximum-likelihood-classification-works.htm");
}

1 个引用
private void nnc_click(object sender, EventArgs e)
{
    Process.Start("https://www.bilibili.com/video/BV1aV411z7FS?spm_id_from=333.999.0.0&vd_source=1721537227f36fd72c74c412d5bda979&t=65.2");
}

1 个引用
private void iso_click(object sender, EventArgs e)
{
    Process.Start("https://www.naftaliharris.com/blog/visualizing-k-means-clustering/");
}

1 个引用
private void svm_click(object sender, EventArgs e)
{
    Process.Start("https://www.bilibili.com/video/BV1N54y1q7bQ?spm_id_from=333.999.0.0&vd_source=1721537227f36fd72c74c412d5bda979&t=2.5");
}
```

图7-59　遥感分类方法跳转网页代码

实习二（无人机低空航摄）

窗口右侧设置了两个单选按钮，通过点击按钮，可在窗体左侧展示操作流程图和航摄影像拼接结果图（见图7-60）。

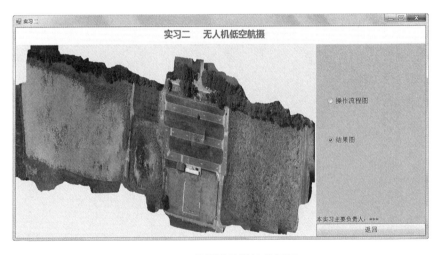

图7-60　航摄影像拼接结果图

实习三（地籍控制测量及地籍更新调查）

窗体界面左侧呈现的是地籍控制测量流程图（见图7-61），上方提供首页、实习要求、实习原理（见图7-62）、结果展示四个选项。在结果展示界面中，右侧包含四个单选按钮，选择后能够分别展示对应的实习结果（见图7-63）。

图 7-61　实习三主界面

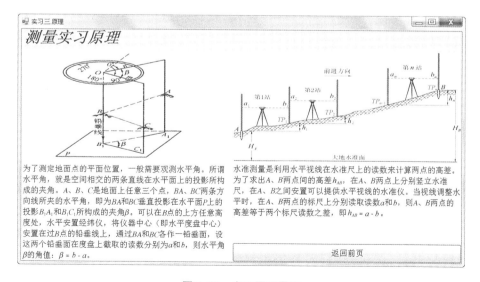

图 7-62　实习原理界面

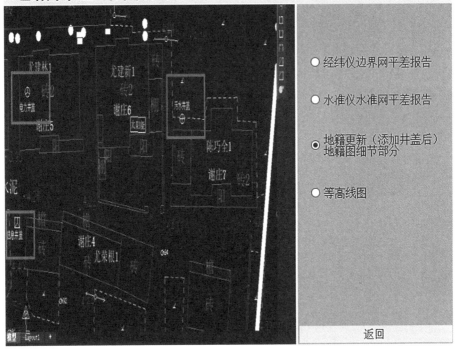

图 7-63 地籍测量结果展示界面

实习四（虚拟仿真测绘）

窗体界面左侧呈现的是虚拟仿真测绘流程图（见图 7-64），上方提供首页、实习要求、实习仪器和结果展示四个选项，点击后分别能够回到系统首页、查看实习要求、查看实习仪器简介（见图 7-65）以及展示实习结果（见图 7-66）。

实习五（数字人文景区专题制图）

实习五的界面上能够显示金泽古镇数字人文景区的专题制图成果（见图 7-67）。点击"遥感图"单选按钮，能够切换查看金泽古镇的遥感图。在"景点名称"文本框中输入关键词，能够查询满足条件的景点，并在左侧地图上显示该景点的位置及详细信息。

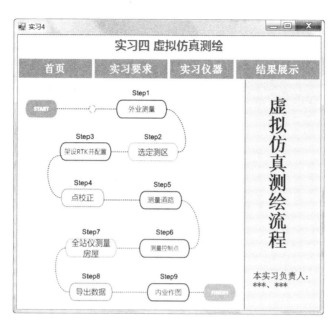

图7-64　实习四主界面

图7-65　实习仪器介绍界面

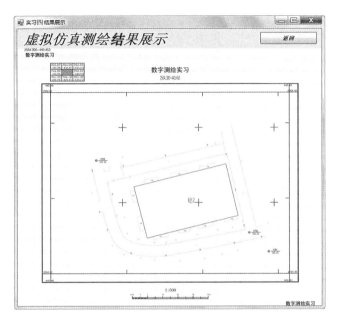

图7-66　虚拟仿真测绘结果展示界面

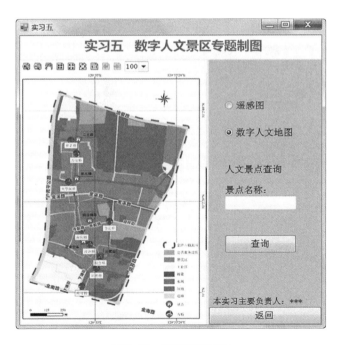

图7-67　实习五主界面

实习六（金泽古镇公共服务行业分布及其服务范围分析）

窗体界面提供了首页、实习立意、实习过程、结果分析四个选项，点击某个选项可跳转到相应的窗体（见图7-68、图7-69）。

图7-68　首页界面

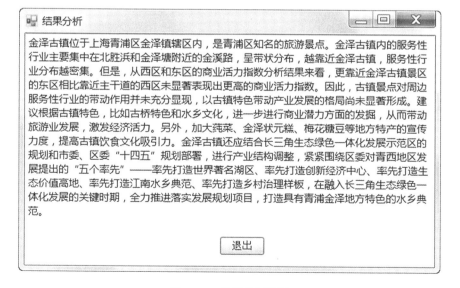

图7-69　结果分析界面

实习六首页界面右侧有三个单选按钮，通过点击相应按钮可分别展示服务性行业点分布图、服务性行业点核密度分布图和分区商业活力分析结果图。展示的地图界面如图7-70至图7-72所示。

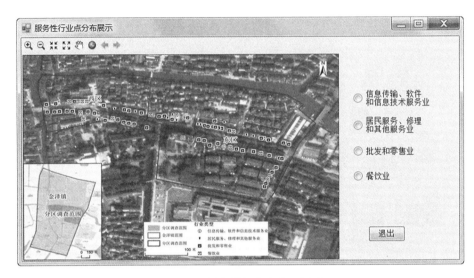

图7-70 服务性行业点分布展示

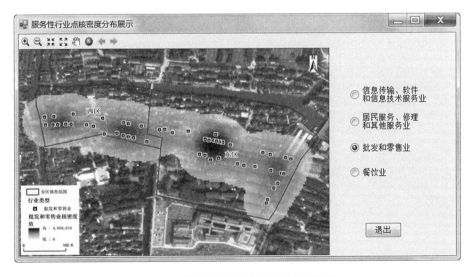

图7-71 服务性行业点核密度分布展示

图 7-72　分区商业活力分析结果展示

实习七（建筑物三维建模）

实习七通过 SceneControl 控件展示青浦区金泽古镇及莲湖村建筑物三维建模成果（见图 7-73）。

图 7-73　建筑物三维建模成果展示

主要参考文献

［1］黄杏元，马劲松.地理信息系统概论：第三版［M］.北京：高等教育出版社，2008.

［2］龚健雅.地理信息系统基础［M］.北京：科学出版社，2001.

［3］汤国安，刘学军，间国年，等.地理信息系统教程［M］.北京：高等教育出版社，2007.

［4］邬伦，刘瑜，张晶，等.地理信息系统——原理、方法和应用［M］.北京：科学出版社，2001.

［5］Kang-tsung chang.地理信息系统导论：原著第八版［M］.陈健飞，等译.北京：科学出版社，2016.

［6］桂德竹，程鹏飞，文汉江，等.在自然资源管理中发挥测绘地理信息科技创新作用研究［J］.武汉大学学报（信息科学版），2019，44（1）：97—100.

［7］李苗裔，王鹏.数据驱动的城市规划新技术：从GIS到大数据［J］.国际城市规划，2014，29（6）：58—65.

［8］梅安新，彭望琭，秦其明，等.遥感导论［M］.北京：高等教育出版社，2001.

［9］尹占娥.现代遥感导论［M］.北京：科学出版社，2008.

［10］傅国斌，刘昌明.遥感技术在水文学中的应用与研究进展［J］.水科学进展，2001（4）：547—559.

［11］胡健波，张健.无人机遥感在生态学中的应用进展［J］.生态学报，2018，38（1）：20—30.

［12］ 宁津生，姚宜斌，张小红.全球导航卫星系统发展综述［J］.导航定位学报，2013，1（1）：3—8.

［13］ 董大南，陈俊平，王解先.GNSS 高精度定位原理［M］.北京：科学出版社，2018.

［14］ 吴学伟，伊晓东.GPS 定位技术与应用［M］.北京：科学出版社，2010.

［15］ NOAA. GPS.GOV：GPS Overview［EB/OL］.［2023-06-12］.https：//www.gps.gov/systems/gps/.

［16］ Roscosmos GLONASS Applied Consumer Center. About GLONASS［EB/OL］.［2023-06-12］.https：//glonass-iac.ru/en/about_glonass/.

［17］ European Space Agency. GLONASS General Introduction［EB/OL］.［2023-06-12］.https：//gssc.esa.int/navipedia/index.php/GLONASS_General_Introduction.

［18］ 中国卫星导航系统管理办公室.北斗卫星导航系统［EB/OL］.［2023-06-12］.http：//www.beidou.gov.cn/xt/xtjs/.

［19］ The European Union Agency for the Space Programme，EUSPA. Galileo GNSS［EB/OL］.［2023-06-12］.https：//galileognss.eu/.

［20］ 李德仁，郭丙轩，王密，等.基于GPS与GIS集成的车辆导航系统设计与实现［J］.武汉测绘科技大学学报，2000（3）：208—211，232.

［21］ 张新长，李少英，周启鸣，等.建设数字孪生城市的逻辑与创新思考［J］.测绘科学，2021，46（3）：147—152，168.

［22］ 李德仁.数字地球与"3S"技术［J］.中国测绘，2003（2）：30—33.

［23］ 国务院.国务院关于开展第三次全国土地调查的通知［EB/OL］.［2024-03-25］.https://www.gov.cn/zhengce/zhengceku/2017-10/16/content_5232104.htm.

［24］ 焦思颖.为自然资源管理装上"智慧大脑"［N］.中国自然资源报，2022-07-08（1）.

［25］ 刘惠明，尹爱国，苏志尧.3S技术及其在生态学研究中的应用［J］.生

态科学，2002（1）：82—85.

［26］李满春，陈刚，陈振杰，等.GIS设计与实现：第二版［M］.北京：科学出版社，2011.

［27］卜坤，王卷乐.开源WebGIS：地图发布与地图服务［M］.北京：科学出版社，2020.

［28］宋关福，李少华，闫玉娜，等.新一代三维GIS在自然资源与不动产信息管理中的应用［J］.测绘通报，2020（3）：101—104，117.

［29］李善同，李华香.城市服务行业分布格局特征及演变趋势研究［J］.产业经济研究，2014（5）：1—10.

［30］祝晔.基于POI的南京市餐饮设施空间格局分析［J］.经济研究导刊，2019（15）：152—156，190.

［31］陆林，凌善金.黄山地区地理综合实习指导纲要［M］.北京：科学出版社，2014.

［32］赵媛.长三角沿江地区地理综合实习指导纲要［M］.北京：科学出版社，2013.

［33］赵媛.南京地区地理综合实习指导纲要［M］.北京：科学出版社，2010.

［34］上海市青浦区统计局.青浦统计年鉴—2021［M］.2021.

［35］长三角生态绿色一体化发展示范区正式揭牌［N］.中国日报.2019-11-1. http：//cn.chinadaily.com.cn/a/201911/01/WS5dbbf050a31099ab995e95e4.html.

［36］《长三角生态绿色一体化发展示范区总体方案》印发.新华社.2019-11-19. http：//www.gov.cn/xinwen/2019/11/19/content_5453607.htm.

［37］中共上海市青浦区委党史研究室，上海市青浦区地方志办公室.青浦史志［EB/OL］.［2023-06-12］. https：//www.shqp.gov.cn/qszb/.

［38］玛世明.青浦旅游志［M］.今日出版社.［2023-06-12］. https：//fz.wanfangdata.com.cn/details/newLocalchronicle.do?Id=FZ201852872.

［39］上海青浦农业农村委.乡村振兴示范村莲湖村简介［EB/OL］.［2023-

06–12］. https：//www.shqp.gov.cn/agri/xczx/20210722/883484.html.

［40］许新惠，谈树成，赵飞.3S综合实习指导书［M］.北京：科学出版社，2019.

［41］臧立娟，王民水.测量学实验实习指导［M］.武汉：武汉大学出版社，2021.

［42］盛业华，张卡，杨林，等.空间数据采集与管理［M］.北京：科学出版社，2018.

［43］中华人民共和国住房和城乡建设部.城市测量规范：CJJ/T 8-2011［S］.北京：中国建筑工业出版社，2012.

［44］国家测绘局.地籍测绘规范：CH 5002-94［S］.北京：中国林业出版社，1995.

［45］中华人民共和国国家质量监督检验检疫总局，中国国家标准化管理委员会.国家基本比例尺地图图式　第1部分：1：500　1：1 000　1：2 000地形图图式：GB/T 20257.1-2017［S］.北京：中国标准出版社，2017.

［46］中华人民共和国国家质量监督检验检疫总局，中国国家标准化管理委员会.1：500　1：1 000　1：2 000外业数字测图规程：GB/T 14912-2017［S］.北京：中国标准出版社，2017.

［47］中华人民共和国国家质量监督检验检疫总局，中国国家标准化管理委员会.国民经济行业分类：GB/T 4754-2017［S］.北京：中国标准出版社，2017.

附　录

附录1　植被数据采集表

序号	经度	纬度	植被类别	植被名称	高度	覆盖度	照片文件名	时间	备注	组别

附录2 遥感解译标志表

土地利用/覆被类型	形状/纹理	判读标志（RGB：　　）	影像显示	备　注

附录3　遥感监测图斑信息核实记录表

序　号	经　度	纬　度	类　型	图斑照片	实地照片	备　注

附录 4　土地变更调查记录表

（　　年）土地位于：_____ 乡（镇）_____ 村　所在图幅号：_____　长度单位（米）_____　面积单位（平方米）_____　NO._____

变更前图斑							变更后图斑							地类变更部分					备注
权属单位名称	图斑号	地类编码	面积	权属性质	耕地坡度分级	耕地类型	权属单位名称	图斑号	地类编码	面积	权属性质	耕地坡度分级	耕地类型	地类编码 变更前	地类编码 变更后	面积	新增耕地来源	建设用地类型	

草图：

填表人：_____　填表日期：_____　检查人：_____　检查日期：_____

226

附录5　角度观测手簿

测站	竖盘位置	目标	水平盘读数	半测回角值	平均角值	距离（m）	平均距离（m）
C0	盘左	C1	0°00′00″	30°17′30″	30°17′30.5″	163.002	163.001
		C2	30°17′30″				
	盘右	C1	180°00′00″	30°17′31″		163.000	
		C2	210°17′31″				
	盘左		0°00′00″				
	盘右		180°00′00″				
	盘左		0°00′00″				
	盘右		180°00′00″				
	盘左		0°00′00″				
	盘右		180°00′00″				
	盘左		0°00′00″				
	盘右		180°00′00″				

测站	竖盘位置	目标	水平盘读数	半测回角值	平均角值	距离（m）	平均距离（m）
	盘左		0°00′00″				
	盘右		180°00′00″				
	盘左		0°00′00″				
	盘右		180°00′00″				

附录6　四等水准测量记录手簿

测站编号	立尺点号	后尺	上丝	前尺	上丝	方向及尺号	水准尺读数		黑+K−红（mm）	高差中数（m）	备注
			下丝		下丝		黑面	红面			
		后视距（m）		前视距（m）							
		视距差（m）		累积差（m）							
		1		4		后	3	8	14		
		2		5		前	6	7	13	18	
		9		10		后—前	15	16	17		
		11		12							
						后					
						前					
						后—前					
						后					
						前					
						后—前					
						后					
						前					
						后—前					

测站编号	立尺点号	后尺	上丝	前尺	上丝	方向及尺号	水准尺读数		黑+K－红（mm）	高差中数（m）	备注
			下丝		下丝		黑面	红面			
		后视距（m）		前视距（m）							
		视距差（m）		累积差（m）							
						后					
						前					
						后－前					
						后					
						前					
						后－前					
						后					
						前					
						后－前					
						后					
						前					
						后－前					
						后					
						前					
						后－前					

附录7　实习报告格式及要求

地理信息科学专业
实习报告

学　　院　_____

专　　业　_____

学生姓名　_____

学　　号　_____

实习分组　_____

实习时间　_____

目录

附录8　实习成绩评价体系

根据实习内容与实习成果，设计以下学生实习成绩评价表，学生小组的实习成绩 S1 = A + B + C + D + E + F + G + H。

附表　学生小组实习成绩评价表

一级指标	二 级 指 标	得分
实习一：湿地植物群落调查与遥感解译（A）	A1 外业工作表现（4分）	
	A2 内业工作质量（3分）	
	A3 植物群落评估报告质量（2分）	
A = A1 + A2 + A3		
实习二：无人机低空航摄（B）	B1 外业工作表现（3分）	
	B2 获取数据的质量（2分）	
	B3 低空航摄影像拼接、配准质量（5分）	
B = B1 + B2 + B3		
实习三：地籍控制测量及地籍更新调查（C）	C1 外业工作表现（5分）	
	C2 经纬仪边界网平差报告（2分）	
	C3 水准仪水准网平差报告（2分）	
	C4 地籍图质量（2分）	
C = C1 + C2 + C3 + C4		
实习四：虚拟仿真测绘（D）	D1 虚拟仿真测绘软件操作规范性和专业性（4分）	
	D2 内业绘图质量（3分）	
	D3 虚拟仿真测绘报告质量（2分）	
D = D1 + D2 + D3		

一级指标	二 级 指 标	得分
实习五：数字人文景区专题制图（E）	E1 外业工作表现（2分）	
	E2 空间数据处理的质量（2分）	
	E3 地图制图表达的规范性和专业性（3分）	
E = E1 + E2 + E3		
实习六：金泽古镇公共服务行业分布及其服务范围分析（F）	F1 外业工作表现（2分）	
	F2 数据质量（2分）	
	F3 统计图表质量（2分）	
	F4 空间分析结果（6分）	
F = F1 + F2 + F3 + F4		
实习七：建筑物三维建模（G）	G1 外业工作表现（3分）	
	G2 建筑单体模型存储的规范性（1分）	
	G3 建筑物三维模型位置、轮廓、纹理与原建筑物的吻合程度（5分）	
G = G1 + G2 + G3		
实习八：地理信息系统（金泽镇地理空间展示系统）开发及功能介绍（H）	H1 数据库结构的合理性（5分）	
	H2 数据的完整性和数据质量（5分）	
	H3 系统功能模块与业务逻辑的合理性（15分）	
	H4 系统可视化效果（8分）	
H = H1 + H2 + H3 + H4		

学生的最终成绩 $S = S1 \times 60\% + S2 \times 40\%$，其中，S1 是该学生所在小组的实习成绩，S2 是该学生承担并完成小组内工作的评分。

图书在版编目（CIP）数据

3S野外综合实习教程：金泽镇案例 / 於家等著.
上海：上海教育出版社，2024.12. —（数字人文丛书）. — ISBN 978-7-5720-2313-2

Ⅰ. K925.15-45

中国国家版本馆CIP数据核字第2024HP1565号

责任编辑　杨宏玲
封面设计　王　捷

3S野外综合实习教程——金泽镇案例
於　家　徐秋蓉　郑远帆　李经纬　林昱坤　著

出版发行　上海教育出版社有限公司
官　　网　www.seph.com.cn
地　　址　上海市闵行区号景路159弄C座
邮　　编　201101
印　　刷　昆山市亭林印刷有限责任公司
开　　本　700×1000　1/16　印张 15.25　插页 1
字　　数　226 千字
版　　次　2025年1月第1版
印　　次　2025年1月第1次印刷
书　　号　ISBN 978-7-5720-2313-2/G·2052
定　　价　59.80 元
审 图 号　GS（2024）0318 号